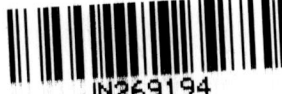

作ってあげたい、作りたい！

男子おかずの感動レシピ

成美堂出版

4 この本の使い方

5 PART 1
ひと皿で満腹！ 丼＆パスタ

6 親子丼
8 牛丼
10 とろとろオムライス
12 ビビンバ
14 タコライス
15 えびチリ丼
16 ミートソーススパゲティ
18 ナポリタン
20 アンチョビー＆ガーリックスパゲティ
22 ズッキーニとしめじのカルボナーラ
24 ツナとキャベツのマヨ・パスタ
25 ペンネアラビアータ

26 コラム 献立と手順について

27 PART 2
おかずにもなるお勧めつまみ！

28 焼き鳥
30 卵焼き
32 ポテトサラダ
34 豚肉のカリカリソテー
35 ちくわの天ぷら
36 ジャケットポテト
37 シーザーサラダ
38 焼きいかとしし唐のしょうがあえ
39 揚げなす＆ごぼうのポン酢
ねぎとしし唐の塩辛炒め
40 ブルスケッタ
ツナディップ
41 トマトのキムチあえ
ほうれん草のナムル
42 イタリア風冷や奴
白菜の炒め浅漬け
43 里いもと桜えびのサラダ
パルメザンスナック

44 コラム 漬け物メモ

45 PART 3
毎日うまい
肉・魚・野菜の
おかず

肉
46 肉と、こうつき合おう！
48 豚肉のしょうが焼き
50 鶏肉のから揚げ
52 麻婆豆腐
54 とんカツ
56 骨つきチキンのカレー
58 肉じゃが

魚
60 魚と、こうつき合おう！
62 きんきの煮つけ
64 いわしの蒲焼き
66 えびフライ
68 鮭のちゃんちゃん焼き
70 さばのピリ辛みそ煮

野菜
72 野菜と、こうつき合おう！
74 回鍋肉
76 にらともやしのチヂミ
78 もやしのバターしょうゆ炒め
80 ラタトゥイユ
82 網焼き野菜
83 小松菜ときのこのさっと煮

ご飯と汁
84 ご飯を炊く
86 和風だし汁のとり方
88 みそ汁を作る
90 洋風スープ 中国風スープ

91 **PART 4**
3倍おいしい人気おかず
92 ハンバーグ
94 アレンジメニュー ロコモコ丼
95 アレンジメニュー ハンバーガー
96 チキンソテー
98 アレンジメニュー チキンソテーの棒棒鶏風
99 アレンジメニュー チキンサンドイッチ
100 さんまの塩焼き
102 アレンジメニュー さんまの混ぜご飯
103 アレンジメニュー さんまのきのこあんかけ
104 焼き餃子
106 アレンジメニュー スープ餃子
107 アレンジメニュー 揚げ餃子＆カレーマヨ
108 八宝菜
110 アレンジメニュー 春巻き
111 アレンジメニュー あんかけ焼きそば
112 弁当作りのツボ

115 **PART 5**
仲間と週末のウチめし
116 すき焼き
118 プデチゲ
120 豚バラと白菜の重ね鍋
122 かつおのたたき
123 白身魚のカルパッチョ
124 豚の角煮
126 ブイヤベース
128 ビーフシチュー
130 モロッコ風 蒸し鶏と野菜
132 焼き肉の太巻きずし
134 パエリア

136
さらに知りたい料理の基本
料理用語集つき
137 肉の下ごしらえ
138 魚の下ごしらえ
140 いか･えび･あさり･しじみの下ごしらえ
142 野菜の下ごしらえ
146 野菜の切り方
148 卵・豆腐・乾物などの下ごしらえ
150 量る
151 調味料
153 調理道具
156 料理用語集

c o n t e n t s

この本の使い方

材料

基本は２人分の材料です。
PART５のみ、４人分の材料になっています。

計量

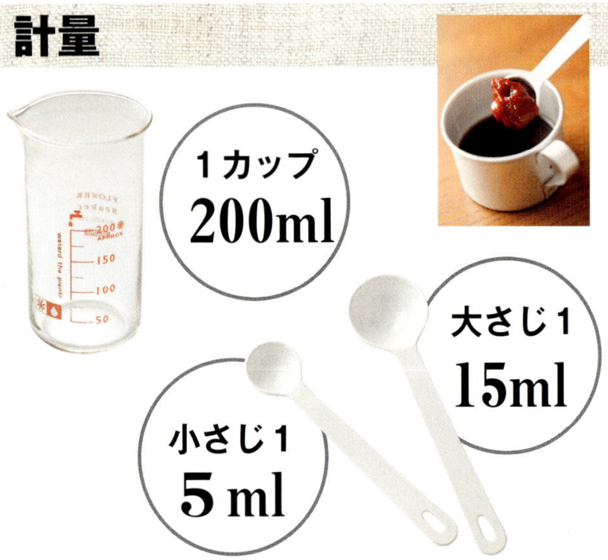

計量は１カップ＝200ml、大さじ１＝15ml、小さじ１＝５ml を使用。米は、炊飯器付属のカップ（１合＝180ml）を使用。少々は指先でつまむ程度、適量は好みで加減してください。

だし汁

だし汁は、かつおの削り節と昆布でとったもの（P.86参照）です。インスタントの和風だしの素を、表示通りに使用してもかまいません。

洋風スープ・中国風スープ

洋風スープの味は固形スープの素、中国風スープの味は鶏ガラスープの素を使っています（P.90 参照）。

火加減マーク

作り方を、写真で説明するページは、ひと目でわかる火加減マークつきです。

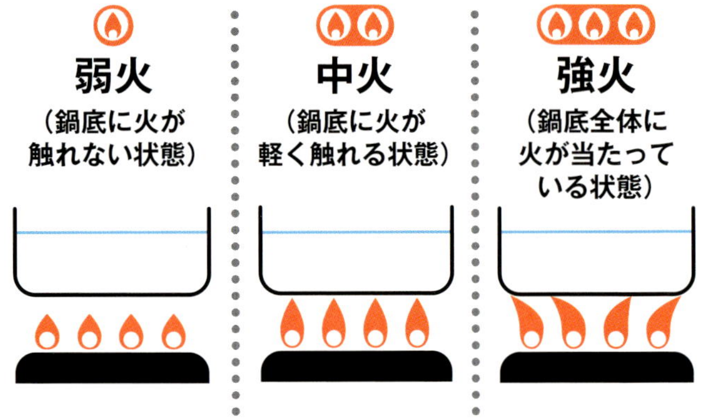

油の温度

加熱している油に、菜箸を入れてみた状態で判断します。

低温 150～160℃　菜箸を入れて、細かい気泡が静かに上がってくる状態

中温 170℃前後　菜箸を入れて、やや大きめの気泡が上がってくる状態

高温 180～190℃　菜箸を入れて、多くの気泡が勢いよく上がってくる状態

電子レンジ・オーブントースター

作り方で表示する電子レンジの加熱時間は、500Wの場合の目安です。600W は、0.8 倍した時間で加熱してください。電子レンジ､オーブントースターは､機種によって加熱時間に差があるので、表示した時間は目安として、様子を見ながら加減してください。

調理道具など

フライパンは、フッ素樹脂加工のものを使用しています。煮込み用の両手鍋は、厚手のものを使用しています。どの道具も、安全に気をつけて使用してください。

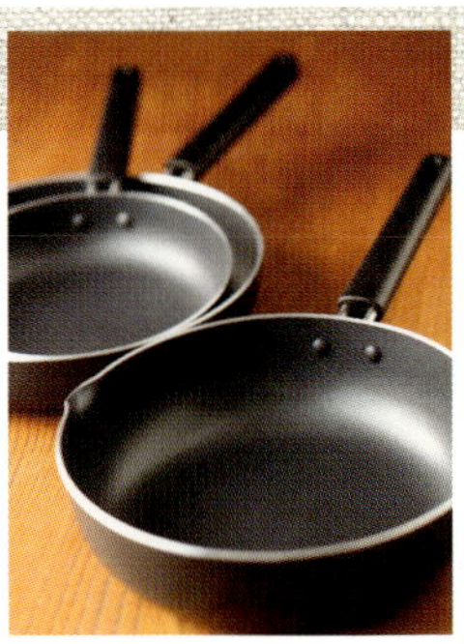

PART 1

ひと皿で満腹！丼＆パスタ

今すぐに、ガッツリ食べたいときの丼＆パスタ！
ひと皿で完結、ひと皿で満足できる人気のメニューばかり

BOWL

PASTA

MENU

- 親子丼
- 牛丼
- とろとろオムライス
- ビビンバ
- タコライス
- えびチリ丼
- ミートソーススパゲティ
- ナポリタン
- アンチョビー＆ガーリックスパゲティ
- ズッキーニとしめじのカルボナーラ
- ツナとキャベツのマヨ・パスタ
- ペンネアラビアータ

親子丼

材料（２人分）

鶏もも肉…１枚（250g）
玉ねぎ…½個
卵…３個
温かいご飯…適量
A だし汁…½カップ
A 砂糖…大さじ２
A しょうゆ…大さじ２
粉山椒（あれば）…少々

作り方

1 玉ねぎを切る

玉ねぎは、横向きに置き、繊維に垂直に幅１㎝に切る。

2 鶏肉を切る

鶏肉は、３～４等分に細長く切ってから、一口大に切る。

3 卵を混ぜる

卵２個は卵黄と卵白に分ける（P.148 参照）。器に卵白２個分を入れ、そこに残りの卵１個を割り入れて、菜箸でザッと混ぜる（P.148 参照）。卵黄２個分は、別の器などにとっておく。

4 煮汁を煮立てる

フライパンに A を入れて煮汁とし、中火にかける。フツフツと煮立ってきたら、鶏肉を入れる。

5 玉ねぎを加える

鶏肉に続けて、玉ねぎを投入。全体を混ぜながら２分ほど煮て火を通す。

6 卵を回し入れる

鶏肉が白っぽくなってきたら、溶いた卵を全体に回し入れる。

★POINT
溶き卵は、１カ所に固まらないように、ぐるりと全体に回しかけて。

7 ふたをして火を通す

すぐにふたをして火を弱め、好みの加減に卵に火を通す。

8 どんぶりに盛る

どんぶりにご飯を盛り、その上に煮汁ごとのせる。中央をくぼませ、卵黄を１個ずつ落とす。あれば粉山椒をふる。

親子丼

鶏肉に火が通ったのを見極めれば、
卵は好みの加減に火を通すだけ。
最後にドンと卵黄をのせて、
卵好きにはたまらない親子丼に

牛丼

材料（2人分）

牛切り落とし肉…150g
ねぎ…½本
生しいたけ…3枚
糸こんにゃく…100g
サラダ油…小さじ1
砂糖…大さじ3
A ┌だし汁…½カップ
　│酒…大さじ2
　└しょうゆ…大さじ2
温かいご飯…適量
紅しょうが…適量

＊砂糖は、あれば黄褐色の三温糖を。こくのある甘さが牛丼に合う

作り方

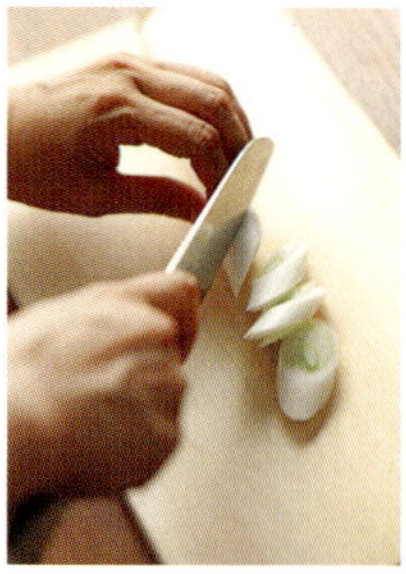

1 ねぎを切る

ねぎは、幅1㎝で斜めに切る。

2 しいたけを切る

しいたけは、石づきを切り落とし(P.145参照)、3～4等分に削ぐように切る。ボウルにAを入れて混ぜておく。

3 糸こんにゃくをゆでる

糸こんにゃくは、食べやすい長さに切る。鍋に入れ、かぶるくらいの水を加えて中火にかけ、沸騰してきたら、ざるに上げて湯をきる。

4 牛肉を炒める

フライパンにサラダ油を中火で熱し、牛肉を炒める。半分ほど火が通ったら、砂糖を加えて混ぜる。

★POINT
菜箸でほぐすように炒め、砂糖を加えたら、味をからめながら火を通していく。

5 ねぎ、しいたけを加える

すぐに、ねぎ、しいたけを加え、木べらで全体を混ぜながら、1分ほど炒める。

6 煮汁を加える

混ぜたAを加えて煮汁とし、中火で煮立てる。

★POINT
煮汁などの合わせ調味料は、あらかじめ混ぜておこう。そうすれば、調理中に味つけであわてない！

7 アクを取って煮る

煮汁が煮立ってきたら、弱火にする。泡のようなアクが浮いていたら、スプーンですくい取り、さらに5～6分煮る。

8 糸こんにゃくを加える

野菜がしんなりしたら、フライパンの端に寄せ、あいたところに3の糸こんにゃくを加える。中火にして汁けが少なくなるまで煮詰める。どんぶりにご飯を盛り、その上に煮汁ごとのせ、紅しょうがを添える。

牛丼

甘辛いしょうゆのつゆで煮た牛肉は、
ご飯との相性もバツグン。
どこで食べるよりも、
簡単でおいしいのが自慢

とろとろオムライス

材料（２人分）

鶏胸肉…½枚
マッシュルーム…４～５個
玉ねぎ…½個
温かいご飯…茶碗２杯分（約 300g）
卵…４個
塩、こしょう…各少々
サラダ油…大さじ½
トマトケチャップ…大さじ３
牛乳…大さじ４
砂糖…小さじ１
バター…15g

作り方

1 マッシュルーム、玉ねぎを切る

マッシュルームは、汚れがあったらぬれぶきんで拭き、縦に薄切りにする。玉ねぎは、粗いみじん切りにする（P.147 参照）。

2 鶏肉を切る

鶏肉は、幅１～２㎝の棒状に切ってから横にそろえ、端から幅１～２㎝に切る。

★POINT
細長く切ったものを、横にそろえてから切ると、作業が効率的！

3 鶏肉に下味をつける

鶏肉に、塩、こしょうをふる。まんべんなく行きわたるように、手でザッと混ぜておくとよい。

4 玉ねぎを炒める

フライパンにサラダ油を中火で熱し、玉ねぎを炒める。木べらで混ぜながら炒め、透明感が出てしんなりしてきたら、鶏肉を加えて炒める。

5 ケチャップを加える

鶏肉が、白っぽくなってきたら、マッシュルームを加えてひと混ぜし、ケチャップを加えて炒める。

6 ご飯を加える

ケチャップの汁けがなくなるまで炒めたら、ご飯を加えて全体に炒める。味をみて、塩、こしょうをふり、器に盛る。

7 卵を混ぜる

ボウルに卵を割り入れ、菜箸でよく溶きほぐす。牛乳、砂糖、塩を加えて混ぜる。

8 スクランブルエッグを作る

フライパンを洗って水けを拭き、バターを入れて中火で溶かす。**7**の卵液を流し入れ、木べらで大きく混ぜながら、半熟状にする。**6**のチキンライスにのせ、好みでケチャップ適量（分量外）をかける。

★POINT
卵を大きく混ぜると、ふんわりする。火の通し加減は好みで OK。

とろとろオムライス

とろとろのスクランブルエッグをのせた、
簡単オムライスに挑戦。
ケチャップ味のチキンライスは絶品で、
卵で包まないから気楽！

ビビンバ

材料（2人分）

- 牛こま切れ肉…150g
- 小松菜…150g
- もやし…½袋
- 卵…2個
- 白菜キムチ…60g
- 温かいご飯…適量
- 焼きのり（全形）…¼枚
- A
  - にんにくのすりおろし…½かけ分
  - しょうゆ…大さじ1
  - 砂糖…小さじ1
  - ごま油…小さじ½
- ごま油…大さじ1
- 塩…小さじ⅓
- 白すりごま…大さじ3
- サラダ油…小さじ2

作り方

1 牛肉に下味をつける

器に、牛肉、Aの材料を入れる。手で軽くもんで下味をつける。

2 小松菜を切る

小松菜は、根元をそろえて切り落とし、長さ3㎝に切る。もやしは、時間があればひげ根を摘んでおくとよい（P.144参照）。

3 野菜を炒める

フライパンにごま油を中火で熱し、半分に小松菜、半分にもやしをのせる。小松菜ともやしが混ざらないように炒め、しんなりしたら取り出す。

★POINT
同時に炒めるのが難しければ、ごま油大さじ½ずつで、小松菜ともやしをそれぞれ炒めて取り出す。

4 野菜を味つけする

小松菜ともやしの上に、塩、白すりごまをふっておく。

5 牛肉を炒める

3のフライパンに、サラダ油小さじ1をたして中火で熱し、**1**の牛肉を炒める。肉の色が変わって火が通ったら、取り出す。

6 目玉焼きを作る

フライパンをサッと洗って拭く。サラダ油小さじ1を中火で熱し、卵を割り入れて、好みの焼き加減の目玉焼きを作る。

7 キムチを切る

キムチは、キッチンばさみで食べやすく切る。

★POINT
キッチンばさみの刃先で、キムチをつかんで切る。手が汚れずに、ラクに切れる。

8 彩りよく盛る

どんぶりにご飯を盛り、小松菜、もやし、牛肉、キムチを彩りよく盛る。焼きのりも手でちぎって盛り、最後に目玉焼きをのせる。

ビビンバ

フライパンひとつで、韓国のどんぶりもでき上がり。
彩りが華やかで見た目もよし。
友人が来たときの、とっておきメニューにしても！

タコライス

ひき肉にチーズ、トマトなどが渾然一体となった
沖縄生まれのメニュー。ほどよいスパイシーさに食がすすむ

材料（2人分）

合いびき肉…150g
にんにく…1かけ
玉ねぎ…½個
トマト…2個
レタス…2～3枚
ピザ用チーズ…60g
温かいご飯…適量
サラダ油…大さじ1
A ┌塩…小さじ¼
　│こしょう…少々
　└しょうゆ…大さじ1
タバスコ®…適量

作り方

1 野菜を切る

にんにくは粗いみじん切り、玉ねぎは薄切りにする（P.147参照）。トマトはへたを取ってざく切りに、レタスは手で食べやすくちぎる。

2 炒めて味をつける

フライパンにサラダ油を中火で熱し、にんにく、玉ねぎを入れてしんなりするまで炒める。ひき肉を加えて炒め、ほぐれてきたらAを順に加えて混ぜる。

3 仕上げる

ひき肉に火が通ったら、トマトを加えて3～4分炒めて火を止める。タバスコ®をふって、ざっくり混ぜる。

4 器に盛る

器にご飯を盛り、レタス、3をのせて、ピザ用チーズを全体に散らす。

★ POINT

ひき肉に半分ほど火が通ったときが、味つけのタイミング。

トマトを加えたら、全体に大きく混ぜながら仕上げよう。

えびチリ丼

えびたっぷりの、中国風の贅沢どんぶり。
ピリ辛うまくて、がぜん食欲を刺激する！

材料（2人分）

- むきえび…150g
- にら…1束
- ねぎ…¼本
- にんにく…1かけ
- しょうが…1かけ
- 温かいご飯…適量
- サラダ油…大さじ1
- A
  - 豆板醤…小さじ½
  - トマトケチャップ…大さじ2
  - 鶏ガラスープの素…小さじ½
- 片栗粉…大さじ1

作り方

1 野菜を切る

にらは長さ3㎝に切り、ねぎは斜め薄切りにする。にんにく、しょうがは粗いみじん切りにする。

2 えびの下準備をする

えびは、背わたがあれば竹串で引き抜いて取り（P.141参照）、サッと洗ってキッチンペーパーで水けを拭く。Aと水⅔カップを混ぜておく。片栗粉を水大さじ1½で溶いておく。

3 えびを炒める

フライパンにサラダ油を中火で熱し、にんにく、しょうがを入れて炒める。香りが出たらえびを加えて炒め、半分ほど火が通ったら、**2**の水を混ぜたAを加える。

4 とろみをつける

汁が煮立ってきたら、溶いた片栗粉をもう一度混ぜて加え、混ぜながらとろみをつける。にら、ねぎを加えて混ぜ、しんなりさせる。

5 器に盛る

器にご飯を盛り、**4**を汁ごとのせる。

★POINT
えびはキッチンペーパーで包むようにして水けを取り、水っぽくなるのをふせぐ。

ミートソーススパゲティ

材料（2人分）

- スパゲティ…200g
- 合いびき肉…150g
- 玉ねぎ…½個
- にんにく…½かけ
- セロリ…¼本
- トマトの水煮
  （缶詰・カットタイプ）
  …½缶（200g）
- サラダ油…大さじ1
- 塩…小さじ½
- こしょう、ナツメグ…各少々
- ローリエ…1枚
- 固形スープの素（チキン）…½個
- 粉チーズ…適量

作り方

1 玉ねぎ、にんにくを切る

玉ねぎは、粗いみじん切りにする（P.147 参照）。にんにくは芽を取って、みじん切りにする。

2 セロリを切る

セロリは、繊維にそって数本切り込みを入れ、端から刻んで粗いみじん切りにする。

3 野菜を炒める

フライパンにサラダ油を中火で熱し、玉ねぎ、にんにく、セロリを入れ、しんなりして香りが出るまで炒める。

4 ひき肉を加える

3にひき肉を加え、木べらでほぐしながら炒める。半分ほど火が通ったら、塩、こしょう、ナツメグをふる。

5 トマトの水煮を加える

ひき肉に火が通ったら、トマトの水煮を缶汁ごと加える。木べらで、トマトをつぶしながらなじませる。

6 煮詰めてミートソースにする

ローリエ、固形スープの素を加え、混ぜながら5分ほど煮詰めて火を止める。

★POINT
フライパンの中全体を、大きくかき混ぜながら煮詰めていく。

7 スパゲティをゆでる

a 鍋にたっぷりの湯を強火で沸かし、塩適量を加える。目安は、湯2ℓに対して塩大さじ1（分量外）くらい。

b スパゲティの束を両手で持ち、少しひねって湯の上にかざし、両手を放してストンと投入する。

c すぐに菜箸でかき混ぜて、スパゲティを沈める。再び沸騰したら中火にし、袋の表示時間を目安にゆでる。ゆで上がる1分前に1本取り出して食べ、細いしんが残る程度で、ざるに上げて湯をきる。

8 仕上げる

ゆで上がったスパゲティを器に盛り、**6**を温めてかけ、粉チーズをふる。

ミートソーススパゲティ

トマト缶で作る、本格的ミートソースがこれ。
倍量で作って、半分を冷凍しておけば、
スパゲティをゆでるだけでいつでも食べられる！

ナポリタン

材料（２人分）

スパゲティ…200g
ハム…４枚
玉ねぎ…½個
ピーマン（赤・緑）…各１個
サラダ油…大さじ1½
トマトケチャップ…大さじ４
塩、こしょう…各少々
粉チーズ…適量

※スパゲティをゆでるときの塩は、湯２ℓに対して大さじ１くらい

作り方

1 玉ねぎを切る

玉ねぎは、細いしんを除いて２～３枚にはがし、縦に幅５㎜に切る。

2 ピーマンを切る

ピーマン（赤・緑）は、縦半分に切ってからへたと種を取り、横に幅５㎜に切る。

3 ハムを切る

ハムは重ねて半分に切ってから、幅１㎝に切る。

★POINT
火の通りを均一にするため、大きさをそろえて切る。

4 スパゲティをゆで始める

鍋に湯を沸かし、塩適量（分量外）を加えてスパゲティをゆで始める（P.16作り方**7**参照）。途中、ゆで汁½カップを取っておく。

5 玉ねぎ、ピーマンを炒める

フライパンにサラダ油を中火で熱し、玉ねぎ、ピーマンを入れてしんなりするまで炒める。

6 ケチャップで味つけする

ケチャップ、塩、こしょう、スパゲティのゆで汁を加えて、全体を混ぜる。スパゲティがゆで上がったら、ざるなどに上げておく。

★POINT
ケチャップは全体にかけて。味がすぐになじんで混ざりやすい。

7 ハムとスパゲティを加える

6に、ハムとスパゲティを加え、全体を混ぜながら炒め合わせ、器に盛る。

8 粉チーズをふる

食べる直前に粉チーズをふる。

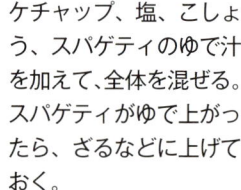

ナポリタン

幼いころに食べた、懐かしい味を再現！
ケチャップの素朴な甘さがなんともいえない。
キッチンにあるもので、
すぐに作れる人気のスパゲティ

アンチョビー&ガーリックスパゲティ

材料（２人分）

スパゲティ…200g
アンチョビー（缶詰）…２切れ
にんにく…１かけ
赤唐辛子…１本
ピーマン…２個
エリンギ…１本
オリーブ油…大さじ３
塩…小さじ⅓
こしょう…少々

※スパゲティをゆでるときの塩は、湯２ℓに対して大さじ１くらい

作り方

1 にんにくをつぶす

にんにくは縦半分に切り、包丁の刃元でにんにくの芽を取り出す。切り口を下にし、包丁の腹を当てて押しつぶす。

★POINT
にんにくはつぶすと、香りやうまみが出る。芽は苦みがあるので取っておこう。

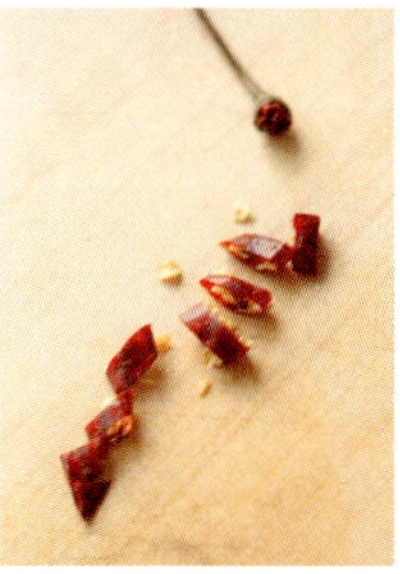

2 赤唐辛子を切る

赤唐辛子はへたを取り、６～７等分の輪切りにする。強い辛みのある種は除く。

3 ピーマンを切る

ピーマンは縦半分に切ってへたと種を取り、横に幅 5㎜に切る。

4 エリンギを切る

エリンギは縦半分に切ってから、斜めに幅５㎜に切る。

5 スパゲティをゆで始める

鍋に湯を沸かし、塩適量（分量外）を加えてスパゲティをゆで始める（P.16 作り方 **7** 参照）。途中、ゆで汁½カップを取っておく。

6 アンチョビーを炒める

フライパンに、オリーブ油を弱火で熱し、アンチョビーを軽くつぶしながら炒める。にんにく、赤唐辛子を加えて炒め、香りが出たらピーマン、エリンギを加えて中火で炒め合わせ、塩、こしょうをふる。

7 具とスパゲティを炒め合わせる

スパゲティはざるに上げて湯をきり、**6**のフライパンに加える。スパゲティのゆで汁を加えてひと混ぜする。

★POINT
必ず味見をして、たりないようなら塩、こしょうで調整して。

アンチョビー＆ガーリックスパゲティ

イタリアのペペロンチーノを意識した、塩味のスパゲティ。
ピーマン、きのこでボリュームをつけ、
アンチョビーを隠し味にして、満足できるひと皿に

ズッキーニとしめじのカルボナーラ

材料（2人分）

スパゲティ…200g
ベーコン…2枚
玉ねぎ…¼個
ズッキーニ…½本
しめじ…½パック
生クリーム…½カップ
卵黄…1個分
オリーブ油…大さじ1
塩、粗びき黒こしょう…各少々

※スパゲティをゆでるときの塩は、湯2ℓに対して大さじ1くらい

作り方

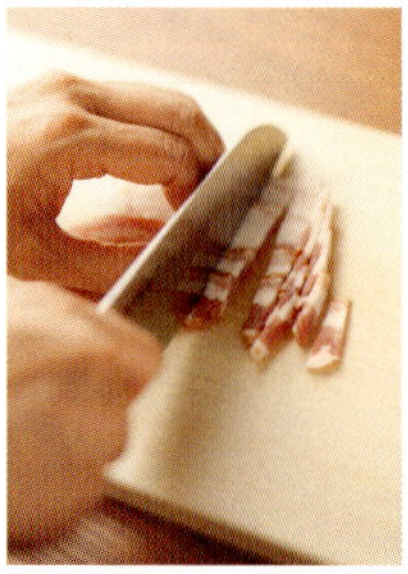

1 ベーコンを切る

ベーコンは、幅1㎝に切る。

2 玉ねぎとズッキーニを切る

玉ねぎは縦に薄切り、ズッキーニは縦半分に切ってから薄切りにする。

3 しめじをほぐす

しめじは石づきを切り落とし、小房に分けてほぐす（P.145 参照）。

4 生クリームと卵黄を混ぜる

大きめのボウルに、生クリーム、卵黄を入れ、菜箸でよく混ぜて卵液を作る。鍋に湯を沸かし、塩適量（分量外）を加えてスパゲティをゆで始める（P.16 作り方 **7** 参照）。途中、ゆで汁½カップを取っておく。

5 ベーコンを炒める

フライパンにオリーブ油、ベーコンを入れ、中火にかけて軽く炒める。

6 野菜、しめじを加えて炒める

2、**3** の野菜としめじを加え、炒め合わせる。しんなりしてきたら、スパゲティのゆで汁を加えて混ぜる。

★POINT
ゆで汁は、鍋から½カップくらいを玉じゃくしで取り、加えてもよい。

7 スパゲティを加えて混ぜる

スパゲティはざるに上げて湯をきり、**6** のフライパンに加えてひと混ぜする。

8 卵液に混ぜて仕上げる

4 の卵液に、**7** を汁ごと加えて混ぜ、器に盛る。塩、黒こしょうをふる。

ズッキーニとしめじの カルボナーラ

卵黄と生クリームがまったりとからんだ、リッチなスパゲティ。
せっかく自分で作るなら、野菜を加えて
具だくさんに仕上げてみる

ツナとキャベツのマヨ・パスタ

マヨネーズで味をつけた親しみやすいおいしさ。
ポイントは、具のでき上がりと、
パスタのゆで上がるタイミングを合わせること！

材料（2人分）

ショートパスタ（フリッジ）…160g
ツナ（缶詰）…1缶（80g）
玉ねぎ…½個
キャベツ…1～2枚
にんにく…½かけ
赤唐辛子の輪切り…少々
オリーブ油…大さじ1
マヨネーズ…大さじ3～5
塩、こしょう…各少々

※ショートパスタをゆでるときの塩は、湯2ℓに対して大さじ1くらい

作り方

1 野菜を切る

玉ねぎは縦に薄切り、キャベツは3㎝四方に切る。にんにくは粗いみじん切りにする。鍋に塩適量（分量外）を加えた湯を沸かし、ショートパスタを袋の表示時間通りゆで始める。

2 玉ねぎを炒める

フライパンにオリーブ油、にんにくを入れて弱火で熱し、香りが出たら、玉ねぎ、赤唐辛子を入れて中火で炒める。

3 キャベツ、ツナを加える

キャベツを加えて炒め合わせ、ツナを缶汁ごと加えてひと混ぜする。

4 マヨネーズで味をつける

マヨネーズを加え、塩、こしょうをふって混ぜる。

5 仕上げる

ゆで上がったショートパスタを加え、全体に混ぜて器に盛る。

★POINT

玉ねぎが透き通ってしんなりするまで炒めて。

マヨネーズは、分量を加減しながら直接絞ってもよい。

ペンネアラビアータ

“アラビアータ”は、イタリア語で「怒り」という意味。
唐辛子をきかせてホットになることからつけられたそう。
ピリッと辛い定番のパスタを覚えよう

材料（２人分）

ショートパスタ（ペンネ）
…160g
ウインナー…６本
玉ねぎ…½個
にんにく…½かけ
赤唐辛子の輪切り…少々
トマトの水煮
（缶詰・カットタイプ）
…１缶（400g）
オリーブ油…大さじ1½
塩…小さじ⅓
こしょう、バジル…各少々

※ショートパスタをゆでるときの塩は、湯２ℓに対して大さじ１くらい

作り方

1 材料を切る

玉ねぎ、にんにくはみじん切りにする。ウインナーは、適当に切り込みを入れる。鍋に塩適量（分量外）を加えた湯を沸かし、ショートパスタを袋の表示時間通りゆで始める。

2 玉ねぎ、ウインナーを炒める

フライパンにオリーブ油、にんにくを入れて弱火で熱し、香りが出たら玉ねぎ、赤唐辛子を加えてしんなりするまで炒める。ウインナーを加えて軽く炒める。

3 トマトの水煮を加える

トマトの水煮を加えて塩、こしょうをふり、ときどき混ぜながら７～８分煮る。

4 仕上げる

ゆで上がったショートパスタを加えてひと混ぜし、器に盛ってバジルを飾る。

★POINT

ウインナーがふくらんでプリッとしてきたらOK。

トマトが大きければ、木べらでザクザクつぶして煮て。

Column

料理ステップアップ！

献立と手順について

ワンプレートメニューの次は、
ご飯と汁、おかずの献立にトライ。
初めからがんばりすぎずに、一汁一菜から始めよう。

献立の構成

基本は、一汁一菜を目安にする

料理を作り始め、丼やパスタなどのワンプレートメニューに慣れてきたら、ご飯、汁、おかずをそろえた献立に挑戦してみよう。本を見て、あれもこれも作りたいと思いはふくらむけど、いきなりフルコースは難しい。

まずは、汁とご飯、おかず１品の、一汁一菜を基本に考えよう。キッチンにある食材や、スーパーなどで旬の食材を見てメインのおかずを決め、あとはみそ汁かスープ、ご飯を添えればOK。この程度なら、グンと気楽に献立を考えられ、料理を楽しめるはず。余裕が出てきたら、お浸しなど野菜を使ったサブおかずを増やしていこう。

手順ポイント5

下準備に手を抜かず、まずは作り方通りに作る

1 作る料理を決めたら、初めが肝心。**作り方をよく読んで、材料をそろえよう**。塩、こしょうなど基本的な調味料を使いやすく並べ、合わせ調味料を使うようであれば混ぜておくと、手際よく進められる。

2 材料は、皮をむく、刻むなど、**同じ作業ごとに行うと能率的でムダがない**。また、下味をつける、アクを抜くなどの**下準備は、味に影響するので手を抜かずに行うべし**。

3 作り方を読み込んでも、調理中は、そのつど確認したくなるもの。**火を使っているときは、いったん火を止めよう**。そのほうが、料理を焦がしたり煮過ぎることもなく、あわてずに確認できて失敗も少ない。

4 味つけの基本は**「さ（砂糖）、し（塩）、す（酢）、せ（しょうゆ）、そ（みそ）」の順序**。でも、料理によって違うこともあるので、まずは作り方に忠実に。味つけのタイミングに慣れることが、上達への早道になるはず。

5 **汁は、おかずのでき上がりに合わせて、最後の仕上げをしよう**。おかず作りと同時に具を煮ておいて、みそを溶いたり、とろみをつけて器に。炊いておいたご飯をよそい、食卓に並べて作りたてを味わう。

PART 2

おかずにもなるお勧めつまみ！

さりげなく気のきいたつまみを作れたらかっこいい。
うまいつまみは、家呑みを楽しくする。サブのおかずにもなる一品を紹介！

MENU

- 焼き鳥
- 卵焼き
- ポテトサラダ
- 豚肉のカリカリソテー
- ちくわの天ぷら
- ジャケットポテト
- シーザーサラダ
- 焼きいかとしし唐のしょうがあえ
- 揚げなす&ごぼうのポン酢
- ねぎとしし唐の塩辛炒め
- ブルスケッタ
- ツナディップ
- トマトのキムチあえ
- ほうれん草のナムル
- イタリア風冷や奴
- 白菜の炒め浅漬け
- 里いもと桜えびのサラダ
- パルメザンスナック

焼き鳥

居酒屋で人気!

材料（２人分）

鶏もも肉…１枚（250g）
鶏手羽先…４本
ねぎ…½本
塩…少々
レモン…½個
サラダ油…少々
みりん、酒、しょうゆ…各大さじ３

用意するもの

竹串…６本

作り方

1 鶏肉を切る

鶏肉は、約18～20切れに切る。

2 ねぎを切る

ねぎは、長さ２㎝に切る。

3 鶏肉とねぎを串にさす

竹串に、鶏肉とねぎを交互にさす。１本につき、それぞれを２～３個ずつ、竹串の上と下が鶏肉になるようにさす。焦げやすい竹串の先を出さないようにするのがコツ。

★POINT
鶏肉はやわらかいので、まな板の上に置いて、片手で押さえながら竹串をさすとよい。

4 手羽先を焼く

フライパンにサラダ油を中火で熱し、手羽先の皮目を下にして並べる。塩をふって、６～７分焼く。手羽先に、焼き色がついたら裏返す。

5 鶏肉の串を並べて焼く

手羽先に、塩をふる。手羽先のすき間に**3**の串を並べ、上下を返しながら焼き色をつける。４～５分焼いて、手羽先に火が通ったら取り出す。

★POINT
手羽先の間に鶏肉の串を並べ、ひとつのフライパンで同時に焼く。

6 たれをかける

みりん、酒、しょうゆを混ぜ、鶏肉の串にかけて、中火で煮立たせる。

7 煮詰めて味をつける

トングなどで上下を返しながら、たれが少なくなるまで煮詰めて、味をからめる。手羽先とともに器に盛り、レモンを添える。レモンは手羽先に搾って。

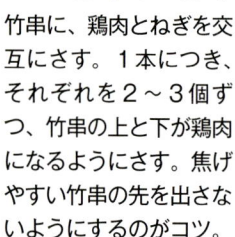

焼き鳥

鶏肉を竹串にさして、自宅で焼き鳥に挑戦。
焼き網がなくても、フライパンでOK。
先に手羽先を焼いてから、鶏肉の串にたれをからめて、
一度に２種類作ってしまおう

卵焼き

居酒屋で人気!

材料（２人分）

卵…３個
削り節…１パック（5g）
しょうゆ…小さじ１
砂糖…小さじ１
サラダ油…少々
大根おろし…適量（約100g）
七味唐辛子（好みで）…少々

作り方

1 だし汁をとる

鍋に水１カップ、削り節を入れて中火にかけ、煮立ったら火を止めてさます。キッチンペーパーを重ねたざるでこし、½量を別の器に取って、しょうゆ、砂糖を混ぜておく。

2 卵を溶いて味をつける

ボウルに卵を入れ、菜箸でよく混ぜる（P.148参照）。**1**の調味しただし汁を加えて混ぜる。さらにざるで一度こして、卵液のでき上がり。

★POINT
卵は、白身を切るようによく混ぜて。ボウルの底に菜箸の先をつけて混ぜると、泡立たずによく混ざる。

3 卵焼き器に油を塗る

卵焼き器を中火で熱し、キッチンペーパーにサラダ油を含ませて塗る。このキッチンペーパーは、焼く度に使うので捨てずにとっておく。

4 卵液の⅓量を流す

卵液の約⅓量を玉じゃくしですくい、卵焼き器に流し入れ、卵焼き器を前後に動かして広げる。菜箸で、全体を小さく混ぜながら火を通す。

5 奥から巻く

表面が半熟状になったら、菜箸で奥の卵を持ち上げて、手前に折り返して巻く。巻き終わったら、奥に押し戻す。

6 再び油を塗る

あいた手前に、キッチンペーパーでサラダ油を塗る。

7 残りの卵液の½量を流す

残りの卵液の約½量を流し入れる。奥の卵を菜箸で持ち上げて、その下にも卵液を流す。手前の卵液を、菜箸で小さく混ぜる。

8 繰り返して焼く

表面が半熟状になったら、奥の卵焼きを持ち上げて手前に折り返して巻く。巻き終わったら奥に押し戻し、残りの卵液を流して同様に繰り返す。取り出して粗熱を取り、食べやすく切って器に盛る。大根おろしをのせて残りのだし汁にしょうゆ少々（分量外）を混ぜてかけ、好みで七味唐辛子をふる。

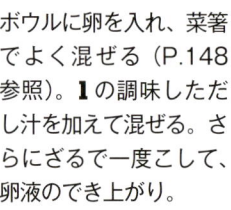

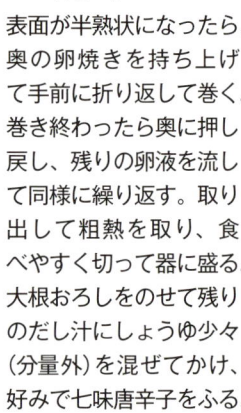

卵焼き

ふっくら、しっとり、居酒屋でも人気の卵焼き。
ご飯や弁当のおかずにもなるから、覚えておこう。
卵焼き器を使えば、ラクに焼き上がる

ポテトサラダ

居酒屋で人気！

材料（２人分）

- じゃがいも…２個
- にんじん…⅛本
- きゅうり…½本
- 玉ねぎ…⅛個
- ハム…４枚
- 卵…２個
- A
  - 塩…小さじ１
  - こしょう…少々
  - 酢…大さじ 1½
  - サラダ油…大さじ１
- 塩…少々
- マヨネーズ…大さじ３
- 牛乳…大さじ１～２

作り方

1 じゃがいも、にんじんを切る

じゃがいもは、皮をむいて４等分に切り、水にさらす。にんじんは薄いいちょう切りにする(P.146 参照)。

2 にんじん、じゃがいもをゆでる

鍋に少なめの湯を沸かし、にんじんを２分ほど中火でゆでてざるに上げる。鍋の湯を捨て、水けをきったじゃがいもを入れ、かぶるくらいの水を注ぐ。強火にかけて煮立て、中火にして８～10 分ゆでる。

3 じゃがいもの水分を飛ばす

じゃがいもに竹串がスッと通れば、鍋のふたを添えながら湯を捨てる。鍋を、再び中火にかけて揺すり、じゃがいもの水分を飛ばして、粉ふきいもにする。

★POINT

鍋を揺すると、水分が飛ぶとともに、でんぷんが出て粉ふきいもになる。

4 じゃがいもに味をつける

鍋を火からおろし、熱いうちに木べらなどでじゃがいもをザッとつぶす。Aを混ぜてかけ、味をなじませておく。

5 きゅうりを塩もみする

きゅうりは薄い小口切りにし（P.146 参照）、塩をふってしんなりしたら手でもみ、サッと洗って水けを手で絞る。

6 玉ねぎを塩もみし、ハムを切る

玉ねぎはみじん切りにし（P.147 参照）、塩をふってもみ、しんなりしたらサッと洗ってざるなどに取り、ペーパータオルで包み水けを絞る。ハムは1㎝四方に切る。

7 ゆで卵を切る

卵は固ゆでにする（P.148 参照）。殻をむいて白身と黄身に分け、白身は粗く刻む。

8 すべての具を混ぜる

大きめのボウルに、**5**～**7**の具を入れて、マヨネーズ、牛乳を加えて混ぜる。**4**のじゃがいもを加えて、全体に混ぜ合わせる。

★POINT

牛乳で混ぜやすさを調整するので、様子を見ながら加えていって。

ポテトサラダ

やっぱりうまいのが、定番のポテトサラダ。
ビールやサワーのつまみには欠かせない。
ハムやきゅうり、ゆで卵などを加えて具だくさんに

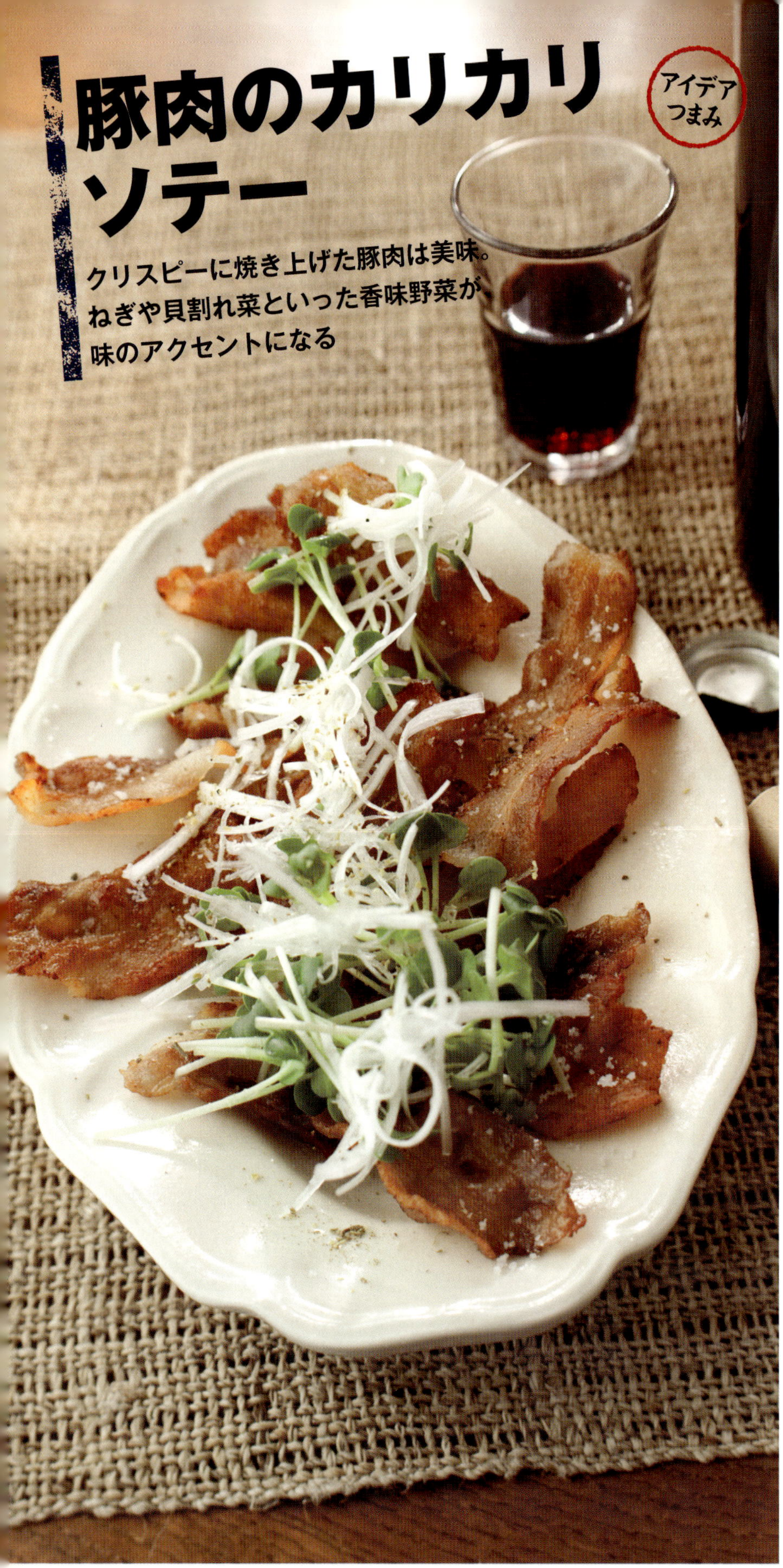

アイデアつまみ

豚肉のカリカリソテー

クリスピーに焼き上げた豚肉は美味。ねぎや貝割れ菜といった香味野菜が味のアクセントになる

材料（２人分）

豚バラ薄切り肉…200g
ねぎ…６㎝
貝割れ菜…½パック
塩、粉山椒…各少々

作り方

1 ねぎを切る

ねぎは、長さを半分に切る。縦に切り込みを入れてしんを取り、押し広げて縦にせん切りにする。水に入れてもみ、キッチンペーパーで軽く包んで水けを取る。

2 貝割れ菜を切る

貝割れ菜は、根元を切り落とし、長さを半分に切る。

3 豚肉を焼く

豚肉は、長さを半分に切ってフライパンに並べる。そのフライパンを中火にかけ、４～５分かけて両面がカリッとするまで焼く。

4 仕上げる

器に焼けた豚肉を盛り、ねぎ、貝割れ菜を散らし、塩、粉山椒をふる。

★POINT

繊維にそってせん切りにする。水の中でもむと、辛みが抜けてシャキッとする。

豚肉は、返しながら両面を焼く。豚肉の脂がにじみ出てきたら、キッチンペーパーなどに吸わせるとよい。

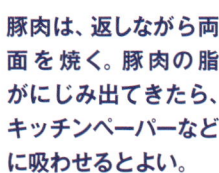

アイデアつまみ

ちくわの天ぷら

ちくわの天ぷらも、自分で作ればしゃれたつまみになる。のりで磯の香り、青じそでさわやかな風味をまとわせて

材料（２人分）

- ちくわ…小６本
- 焼きのり（全形）…½枚
- 青じそ…６枚
- 天ぷら粉…⅓カップ
- サラダ油（揚げ油）…適量
- カレー粉、塩…各適量

作り方

1 ちくわを切る

ちくわは、長さを半分に切る。焼きのりは６等分に切る。

2 のり、青じそを巻く

のり、青じそに、天ぷら粉少々（分量外）をまぶし、各１枚ずつちくわに巻いて楊枝で留める。ボウルに、天ぷら粉、水⅓カップを入れて混ぜ、ころもを作る。

3 揚げる

フライパンにサラダ油を１カップほど入れ、高温（180℃）に熱する（P.4参照）。青じそやのりを巻いたちくわは、**2**のころもにくぐらせて油に入れ、全体を２分ほど揚げて油をきる。器に盛り、カレー粉や塩をつけて食べる。

★POINT

天ぷら粉をまぶして巻くと、そこに天ぷらのころもがよくからみついてはがれにくくなる。

少なめの油で、ちくわを返しながら揚げる。

アイデアつまみ

ジャケットポテト

じゃがいもの皮をジャケットに見立てた、イギリス由来のメニュー。じゃがいもは、レンジでチンすれば、スピーディーに加熱！

材料（2人分）

じゃがいも…2個
玉ねぎ…1個
にんにく…1かけ
サラダ油…大さじ1
A
- マヨネーズ…大さじ3～4
- カレー粉…小さじ½
- 塩…少々

マヨネーズ…適量
カレー粉、パセリのみじん切り…各少々

作り方

1 じゃがいもを電子レンジ加熱する

じゃがいもは洗い、1個ずつラップで包み、電子レンジで5分加熱する。竹串をさしてスッと通ればOK。まだ固いようなら、裏返して2～3分加熱する。

2 野菜を切る

じゃがいもを加熱している間に、野菜を切る。玉ねぎは縦半分に切って粗いみじん切りにする（P.147 参照）。にんにくもみじん切りにする。

3 じゃがいもに切り込みを入れる

じゃがいものラップを取り、熱いうちに5㎝くらいの切り込みを入れる。ふきんで包むようにじゃがいもを持ち、左右に切り込みを広げる。切り口を上にして器に盛る。

4 仕上げる

フライパンにサラダ油を中火で熱し、玉ねぎ、にんにくを5～6分炒めて薄い焼き色をつける。**A**を加えて味をととのえ、**3**にのせる。マヨネーズをかけ、カレー粉、パセリのみじん切りをふる。

★POINT

ラップは、ふんわりと包んでおけばよい。

力を加減しながら、具をのせやすいように広げて。

材料（２人分）

- ベーコン…２～３枚
- さやいんげん…40g
- レタス…小½個
- フランスパン（バゲット）…５～６㎝
- 黒オリーブの実（油漬け）…４～５粒
- 温泉卵（市販品）…１個
- にんにく、オリーブ油…各少々
- A
  - 塩…小さじ¼
  - 酢…大さじ１
  - マヨネーズ…大さじ３
- 粉チーズ、粗びき黒こしょう…各適量

作り方

1 野菜を切る

さやいんげんはへたを取り、長さを半分に切って熱湯で２分ほどゆで、水に取って水けを拭く。レタスは、大きめに手でちぎる。

2 ベーコンを炒める

ベーコンは、幅１㎝に切る。フライパンに入れて中火にかけ、炒める。脂が出てカリカリしてきたら、キッチンペーパーに取り出して、余分な脂を取る。

3 フランスパンをトーストする

フランスパンは、幅５㎜の薄切りにする。オーブントースターでこんがりと焼き、表面ににんにくをこすりつけ、オリーブ油をかける。オリーブの実は半分に切る。

4 仕上げる

ボウルにＡを入れ、よく混ぜてソースを作る。器に、**1**～**3**の材料を盛り合わせ、温泉卵をのせる。ソースをかけ、粉チーズ、黒こしょうをふる。

★POINT

ペーパーに脂を吸わせると、よりクリスピーになる。

マヨネーズをよく混ぜて、なめらかなソースにする。

アイデアつまみ

シーザーサラダ

定義は、レタスが主役のサラダ。
盛りつけをアレンジしたら、豪華なサラダに変身。
つまみというより、ちょっとした前菜にもなる

アイデアつまみ

焼きいかとしし唐のしょうがあえ

しょうが風味のしょうゆであえた、通なひと皿。
ビール、サワー、日本酒にお勧めで、もちろん白いご飯にも合う！

材料（２人分）

いか…１ぱい
しし唐辛子…100g
しょうがのすりおろし
…大さじ２
しょうゆ、酒…各大さじ２

作り方

1 いかをさばく

いかは、わたを抜いて切り落とし、胴と足に分ける（P.140 参照。皮はむかない）。

2 しし唐を楊枝でさす

しし唐は、４本ずつ楊枝にさす。

3 いかとしし唐を焼く

焼き網をコンロにのせて中火で熱し、いかの胴と足、しし唐をのせて焼く。焼き色がついたら裏返し、しし唐は2分、いかは7～8分かけて焼く。

4 仕上げる

いかの胴は幅１㎝の輪切り、足は食べやすくつけ根を切り分ける。しし唐は楊枝をはずす。ボウルに、しょうがのすりおろし、しょうゆ、酒を入れて混ぜ、いか、しし唐辛子を加えてあえる。

★POINT

しし唐は、楊枝でまとめたほうが網で焼きやすく、穴もあくのではじけない。

焼き網からは離れず、様子を見ながら焼いて。

揚げなす＆ごぼうのポン酢

アイデアつまみ

揚げてしんなりしたなす、カリカリ歯ごたえのごぼうのコラボレーション！

材料（２人分）

なす…３本
ごぼう…８㎝
ちりめんじゃこ…10g
小麦粉…少々
サラダ油（揚げ油）
　…適量
ポン酢しょうゆ
　…大さじ1½

★POINT

ちりめんじゃこは香ばしい匂いが出て、カリッとしてくれば OK。

作り方

1 材料を切る
なすはへたを取り、縦に４つ割りにする。ごぼうは皮をこそげ、斜め薄切りにしてサッと洗って水けを拭き、小麦粉をまぶす。

2 じゃこを炒める
フライパンにちりめんじゃこを入れ、中火にかける。カリッとするまで、３～５分から炒りにして取り出す。

3 野菜を揚げる
フライパンをサッと拭き、サラダ油を底から１㎝ほど入れて中火で熱し、高温（180℃）に熱する（P.4 参照）。水けを拭いたなすを入れ、２分揚げて取り出す。続けてごぼうを揚げ、カリッとしたら取り出す。

4 仕上げる
器に、なすとごぼうを盛り合わせ、ちりめんじゃこをふってポン酢しょうゆをかける。

ねぎとしし唐の塩辛炒め

塩辛が残ったら、炒め物に使って新しいつまみを創作してみよう

アイデアつまみ

材料（２人分）

ねぎ…１本
しし唐辛子…10本
いかの塩辛（市販品）
　…20g
サラダ油…大さじ１
しょうゆ…小さじ½

★POINT

うまみの多い塩辛は、簡単に味を決める調味料代わりになる。

作り方

1 野菜を切る
ねぎは、幅１㎝で斜めに切る。しし唐は、斜め半分に切る。

2 野菜を炒める
フライパンにサラダ油を中火で熱し、ねぎ、しし唐を入れて３～４分炒める。

3 塩辛を加える
野菜に焼き色が少しついたら、いかの塩辛を加え、強火で１分ほど炒め、しょうゆを回しかけてでき上がり。

パパッとできる!

ブルスケッタ

トマトの絶妙な味つけが、すっかりくせになりそう。ワインのともに

材料（2人分）

トマト…小2～3個
フランスパン（バゲット）…10㎝
オリーブ油…適量
A
- 玉ねぎのすりおろし…大さじ½
- 塩…小さじ⅓
- 酢、オリーブ油…各大さじ1
- こしょう…少々

バジル、好みのチーズ…各適量

作り方

1 フランスパンを焼く
フランスパンは、縦に4等分に切る。オーブントースターで焼いてオリーブ油をかける。

2 トマトを切る
トマトはへたを取り、細かく刻む。ボウルにAを入れて混ぜ、トマトを加えて混ぜる。

3 仕上げる
フランスパンに**2**をのせて、器に盛る。トマトの上にもオリーブ油をかけ、バジルを飾り、チーズを添える。

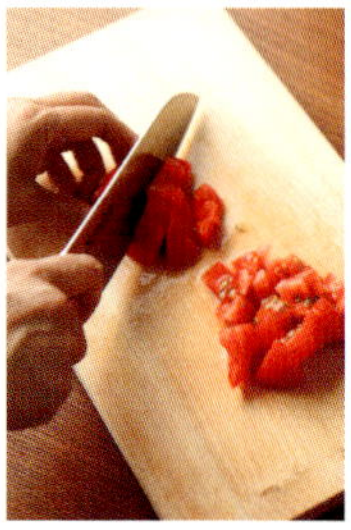

★POINT
トマトは、ザクザクと乱切りするように切ればよい。

ツナディップ

濃厚で、にんにくが香るディップは絶品。とりあえずのつまみにイチ押し！

パパッとできる!

材料（2人分）

ツナ（缶詰）…1缶（80g）
クリームチーズ…50g
にんにく…2かけ
サラダ油…大さじ1
塩…小さじ¼
こしょう…少々
好みの野菜（きゅうり、にんじん、セロリ、大根など）、クラッカー…各適量

作り方

1 にんにくを炒める
にんにくは薄切りにする。フライパンにサラダ油を中火で熱し、にんにくをこんがりするまで炒める。

2 ディップの材料を混ぜる
器に、クリームチーズを入れてよく練り混ぜ、ツナを缶汁ごと混ぜる。炒めたにんにくとその油、塩、こしょうを加えて混ぜる。

3 野菜などを添える
好みの野菜を、食べやすく切る。クラッカーとともにツナディップに添え、ディップをつけながら食べる。

★POINT
クリームチーズは、しばらく室温におくと、やわらかくなって混ぜやすくなる。

トマトのキムチあえ

シンプルでうまい。
ごま油の風味が味の決め手

パパッとできる！

材料（２人分）

トマト…２個
白菜キムチ…60g
焼きのり…少々
しょうゆ、ごま油…各少々

★POINT
トマトのすき間にキムチをのせていくだけでOK。

作り方

1 トマトを切る
トマトはへたを取り、６等分のくし形に切る。

2 キムチを切る
白菜キムチは、キッチンばさみで食べやすい大きさに切る。

3 トマトとキムチを合わせる
器にトマトを並べ、白菜キムチをのせ、しょうゆ、ごま油をかける。焼きのりを細く切って散らす。

ほうれん草のナムル

パパッとできる！

お浸しとは違う、ほうれん草の一品。
食事のサブおかずにもぴったり

材料（２人分）

ほうれん草…200g
ねぎ…4㎝
削り節、塩…各少々
ごま油…大さじ１

★POINT
全体に広げると、まんべんなく調味しやすいし、味もすぐになじむ。

作り方

1 ほうれん草をゆでる
鍋に湯を沸かして塩を加え、ほうれん草を入れてゆでる。しんなりしたら水に取ってさまし、水けを絞って長さ４㎝に切る（P.142参照）。

2 ねぎを切る
ねぎはみじん切りにする（P.147参照）。

3 味をつける
皿にほうれん草を広げ、ねぎ、削り節、塩、ごま油を全体にかける。菜箸でざっくり混ぜて器に盛る。

イタリア風冷や奴

パパッとできる!

トマトをのせるだけで、グンと華やかに。
日本酒からワインまでなんでもOK!

材料（2人分）

絹ごし豆腐…1丁(300g)
ミニトマト…100g
パルメザンチーズ
（または粉チーズ）…適量
オリーブ油…大さじ1
塩…少々
粗びき黒こしょう、
ドライバジル…各少々

★POINT
パルメザンチーズは、イタリアのチーズ。うまみが豊富で、味の幅が広がる。

作り方

1 豆腐を切る
豆腐は、半分に切って器に盛る。

2 トマトを切る
ミニトマトはへたを取り、4等分に切って豆腐の上に散らす。

3 仕上げる
パルメザンチーズを、皮むき器などで薄く削って**2**にかける（粉チーズをふってもよい）。オリーブ油、塩、黒こしょうをふり、好みでドライバジルをふる。

白菜の炒め浅漬け

パパッとできる!

中国風の手軽な漬け物。
ふくよかなコクがあるのにさっぱりした味わい

材料（2人分）

白菜…200g
ごま油…大さじ1
A
- 赤唐辛子…1本
- 鶏ガラスープの素…小さじ¼
- 塩…小さじ¼
- しょうゆ…大さじ½
- 水…大さじ1

レモンの搾り汁…½個分

★POINT
しんと葉は火の通りが違うので、時間差で順に加えるのがコツ。

作り方

1 白菜を切る
白菜は、しんと葉に分ける。しんは、幅1㎝で斜めに切る。葉は、大きめのざく切りにする。

2 白菜を炒める
フライパンにごま油を中火で熱し、白菜のしんを炒める。油がなじんだら、**A**を加えてしんなりするまで炒める。葉を加え、全体を混ぜて火を止め、レモンの搾り汁を加えて混ぜる。

里いもと桜えびのサラダ

里いもは、電子レンジで手軽に加熱。
桜えびがいい味を出す！

材料（２人分）

里いも…200g
桜えび…５g
青のり…少々
しょうゆ…大さじ１
酒…大さじ１
ごま油…小さじ１

作り方

1 里いもを電子レンジ加熱する

里いもは洗い、上下を切り落とし、中央にぐるりと切り込みを入れる。いっしょにラップで包み、電子レンジで６分加熱する。竹串をさしてみて、固いようならさらに１分加熱し、ラップをはずして表面を乾かす。

2 里いもをつぶす

里いもを両手で持ち、切り込みをとっかかりにして皮をむく（P.145参照）。ボウルに入れ、フォークの背でザッとつぶす。

3 仕上げる

2のボウルに、しょうゆ、酒、ごま油を加えてざっくりと混ぜる。器に盛り、桜えび、青のりをふる。

★POINT
表面が乾いていると、手がすべらずに皮がむきやすくなる。

パルメザンスナック

溶けたチーズが焼けてカリカリに。
気軽に作れ、すぐ食べられる

材料（２人分）

パルメザンチーズ
…50g
食パン（８枚切り）
…１～２枚

作り方

1 チーズをすりおろす

パルメザンチーズは、専用のチーズおろし器か、おろし金ですりおろす。

2 食パンを切る

食パンは６等分に切る。

3 チーズを溶かして食パンを焼く

フライパンに、すりおろしたチーズを入れて広げ、その上に食パンをのせる。中火にかけ、チーズが溶けてこんがり焼けてきたら取り出す。

★POINT
チーズの上にパンをのせて焼くだけ。チーズが焼けて香ばしくなる。

切った野菜を塩でもみ、昆布や唐辛子などと一晩漬けたものが浅漬け。

少ない材料で、時間をかけずに簡単に作れるから、初めてでも気軽にトライできる。手っ取り早く作るなら、市販の浅漬け用調味液もある。

よく使われる野菜は、きゅうり、大根、白菜、キャベツなど。冷蔵庫に、ハンパに残ったいつもの野菜で十分。

たっぷりの野菜も、漬ければかさが減り、塩分を控えめにすると、サラダ感覚でたくさん食べることができる。

浅漬け

たっぷり野菜がとれる！
初心者にも手軽な漬け物

ぬか漬け

米ぬかで漬けた
日本古来の健康食品

精米で出た米ぬかに、塩水や野菜の切れ端を加えて発酵させたのがぬか床。このぬか床に野菜などを漬ければ、ぬか漬けができる。

奥の深い独特のうまみは、乳酸菌の発酵によるもの。乳酸菌は生きものなので、自分で漬けるとなると、ぬか床を毎日かき混ぜて空気と触れさせ、慈しんであげることがポイントとなる。

旬の野菜を漬けながら、季節感を楽しめるぬか漬け。よく食べられるきゅうりやなすのほか、生で食べられる長いもや、苦みのあるゴーヤなどもうまい。

Column

ヘルシー生活の
隠れた名脇役！

漬け物メモ

定食や居酒屋で、地味ながら存在感のある漬け物。箸休めに、つまみに、口直しにと活躍する身近な漬け物とは。

朝鮮半島発祥の漬けもので、辛くてうまいキムチ。なじみのある白菜キムチは、軽く塩漬けした白菜に、唐辛子や香味野菜、りんごなどのくだもの、昆布やアミの塩辛、魚醤などを合わせた調味料（ヤンニョム）を、葉の間に塗ってはさみ、漬けて発酵させたものである。

ちなみに、白菜のキムチはペチュキムチ、大根はカクテキ、きゅうりはオイキムチという。

どのキムチも、そのまま食べられるが、発酵が進んで酸味が強くなったものは、豚肉と炒めたり、炒飯に混ぜたり、キムチ鍋にするのがお勧めだ。

キムチ

発酵食品のおいしさ
クセになる辛さが人気！

ピクルスは、酢、砂糖、唐辛子、ローリエなどで作った調味液に、野菜を漬けた洋風漬け物のこと。甘酸っぱくて、スパイシーなおいしさがある。

ハンバーグやホットドッグのつけ合わせで見る、きゅうりや玉ねぎがその仲間。ピクルスの酸味が、肉料理の口直しとなって、さっぱりと食べられる。

漬けた製品がびん詰めで手に入るほか、浅漬けと同じくピクルス用のスパイスや、調味料が市販されているので、まずは気軽に食べたり利用してみよう。

ピクルス

さっぱりした酢漬けは
ヘルシーなつけ合わせに

PART 3

毎日うまい 肉・魚・野菜のおかず

作ってみたい＆食べてみたい、定番おかずをラインナップ！
ご飯の炊き方、だしのとり方、汁の作り方もチェックして

MENU

meat

- 豚肉のしょうが焼き
- 鶏肉のから揚げ
- 麻婆豆腐
- とんカツ
- 骨つきチキンのカレー
- 肉じゃが

fish

- きんきの煮つけ
- いわしの蒲焼き
- えびフライ
- 鮭のちゃんちゃん焼き
- さばのピリ辛みそ煮

vegetable

- 回鍋肉
- にらともやしのチヂミ
- もやしのバターしょうゆ炒め
- ラタトゥイユ
- 網焼き野菜
- 小松菜ときのこのさっと煮
- ご飯と汁

よく使う肉の種類と選び方

肉と、こうつき合おう！

どんな肉を買えばいいのか、選び方のポイントを覚えれば、もうスーパーに行っても迷わない。さらに冷凍保存の方法を知ると、肉を長持ちさせることもできる。

豚肉

❶薄切り肉

薄く切った肉のこと。赤身のもも肉、ほどよく脂のあるロース肉、赤身と脂が層になっているバラ肉などがある。肉質につやがあり、色鮮やかなものが新鮮。トレーに、ドリップ（肉汁）の出たものは避ける。炒め物、肉巻き、カレーなどに。

❷厚切り肉

厚さ7～8㎜から1㎝くらいまで、主にロース肉が多い。肉質の色、つやがよく、はりのあるものを選ぶ。ソテー、とんカツ、炒め物などに。

❸かたまり肉

スーパーでよく見るものでは、ヒレ肉、バラ肉、スペアリブなどのかたまり肉がある。焼き豚や角煮を作るときに使う。かたまり肉を食べやすく切った、カレー＆シチュー用の肉もある。

❹ひき肉

豚肉のいろいろな部位が、ミンチ状になったもの。白っぽいものは脂肪が多い。色、つやがよく、肉汁の出ていないものが新鮮。鮮度が落ちやすいので、なるべく早く使いきるか、冷凍しておこう（下段参照）。麻婆豆腐、餃子、肉だんごなどに。

❺こま切れ肉

豚肉の各部位の切れはしなどを、集めて売られている。細かく切る手間がなく、炒め物、煮物にそのまま投入して使える。鮮度が落ちやすいので、早く使いきるか、冷凍して。

●残った肉は、すぐに冷凍して長持ちさせる！

残ったり、すぐに使わない肉は、冷凍保存するとよい。

使う分量に分けて冷凍

1回で使いきりやすい分量に分け、なるべく平らにしてラップで包み、冷凍用袋に入れて冷凍室で保存。冷凍した日付を袋に書いておき、1カ月を目安に使う。

使っていたラップで包む

肉をトレーからはずし、包んでいたラップで薄く包むのも手。添付してあったラベルを表面に出せば、種類や日付がすぐわかる。冷凍用袋に入れて冷凍室で保存。1カ月を目安に使う。

●解凍方法

解凍は、使う前日に冷蔵室に入れて、自然解凍させる。急いで解凍しようとして、電子レンジにかけたり温かい室温においたりすると、ドリップ（肉汁）とともにうまみも出てしまうので気をつけて。

鶏肉

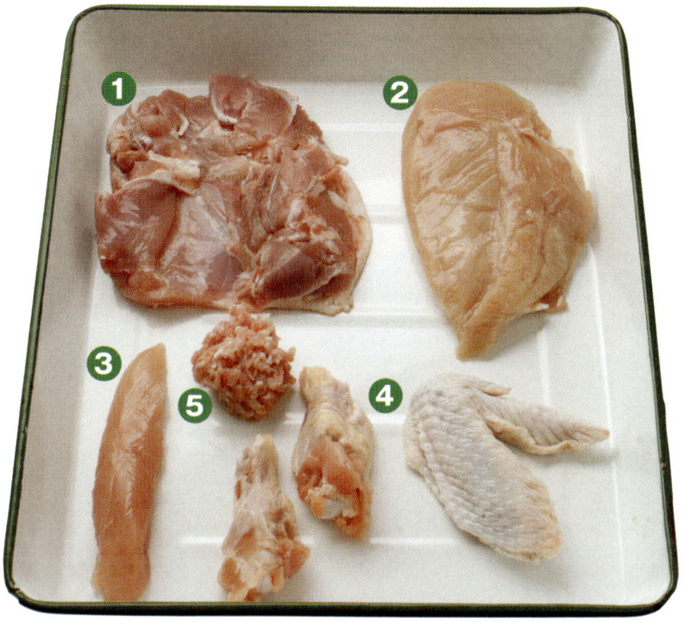

❶もも肉
肉の色が赤っぽく、厚みもある。ほどよい脂肪とこく、食べ応えあり。色つやのよい、ふっくらしたものを選ぶ。骨つきの鶏もも肉もあり、から揚げ、カレー、ソテーなどに。

❷胸肉
もも肉より白っぽく、脂肪が少ないので淡泊な味。ふっくらとして厚みがあり、つやのあるものを選ぶ。脂肪が少ないので、調理によってはパサつくことも。煮物、炒め物などに。

❸ささ身
笹の葉のような形で、脂肪が少なく淡いピンク色、淡泊な味わい。つや、透明感のあるものが新鮮。白っぽい筋があるが、筋を取っての販売も多い。あえ物、汁物、サラダなどに。

❹手羽先、手羽元
つばさの部分で、先のほうが手羽先、太いのが手羽元である。骨が多く肉は少ないが、ゼラチン質、脂肪が多い。揚げ物、焼き物、カレーやシチューなどの煮込み料理に。

❺ひき肉
鶏肉の各部位をミンチにしたもの。豚肉に比べて白っぽく、さっぱりとした味。鮮度が落ちやすいので、すぐに使いきる。肉だんごにして、鍋のたねやつくねなどに。

牛肉

❶薄切り肉
すき焼き用からしゃぶしゃぶ用の肉まで、見た目も値段もさまざま。すき焼き用に買う場合は、牛脂（❺）もつけてもらおう。肉質につやと透明感のあるものが新鮮。空気に触れない部分は黒っぽくなるが問題ない。鍋、炒め物、煮物、肉巻きなどに。

❷こま切れ肉
切り落とし肉ともいう。各部位が混ざっていて、うまみは十分。肉じゃが、炒め物、牛丼などはこま切れ肉でもOK。回転のよい店で買い、早めに使いきるように。

❸ステーキ肉
ステーキ肉と言っても、リブロース、サーロイン、ヒレなど、部位や脂の入り方によって味も値段も違う。全体に張りとつやのあるものが新鮮。ステーキの他に、切ってシチューやカレーに入れても。

❹ひき肉
牛肉の各部位をミンチにしたもの。豚肉と半々に混ぜた、合いびき肉もある。赤身の色がきれいで、つやのあるものが新鮮。ドリップの出たものは避けよう。ハンバーグ、ミートローフ、炒め物などに。

豚肉のしょうが焼き

材料（2人分）

豚薄切り肉（しょうが焼き用）…200g
玉ねぎ…½個
キャベツ…200g
しょうがのすりおろし…大さじ1½
しょうゆ…大さじ1½
酒…大さじ2½
サラダ油…大さじ2
塩、こしょう…各少々

作り方

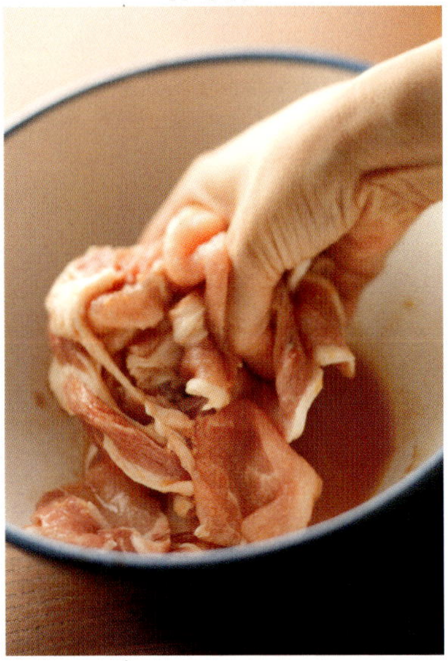

1 豚肉に下味をつける

ボウルに豚肉を入れ、しょうがのすりおろし、しょうゆ各大さじ½、酒大さじ1を加えて手でもみ込む。別の容器に、しょうがのすりおろし、しょうゆ各大さじ1、酒大さじ1½を入れて混ぜ、合わせ調味料を作る。

★POINT
手でまんべんなくもみ込むとよい。

2 玉ねぎを切る

玉ねぎは細いしんを取り除き、2～3枚にはがしてから、縦に幅5㎜のくし形に切る（P.147参照）。

3 キャベツを切る

キャベツは固いしんを切り取り、葉を4㎝四方に切る。

4 野菜を炒める

フライパンにサラダ油大さじ1を強火で熱し、玉ねぎ、キャベツを入れて炒める。全体に油が回ったら、塩、こしょうをふって混ぜ、しんなりしてきたら取り出して器に盛る。

5 豚肉を焼く

あいたフライパンにサラダ油大さじ1をたして中火で熱し、下味をつけた豚肉を入れて焼く。焦がさないように気をつけ、菜箸で上下を返す。

6 味をつける

肉の色が変わったら、**1**の合わせ調味料を加える。ひと煮立ちして味がなじんだら、**4**の野菜の上に汁ごとのせる。

★POINT
調味料が煮立ってきたら、ひと混ぜして味をよくなじませる。

豚肉のしょうが焼き

しょうがで下味をつけた、定番のひと皿。
たっぷりの野菜を添えて、栄養バランスもよく。
白いご飯がグングンとすすむおかず

鶏肉のから揚げ

材料（２人分）

鶏もも肉…小２枚（400g）

A
- にんにくのすりおろし…¼かけ分
- しょうゆ…大さじ1½
- こしょう…少々

卵…１個

小麦粉…大さじ４

サラダ油（揚げ油）…適量

冷凍ポテト（あれば）…適量

塩…少々

作り方

1 鶏肉を切る

鶏肉は１枚を、５～６等分に切り分ける。もう１枚も同様に切る。

2 下味をつける

バットなどに鶏肉を入れ、Aを加えてよく混ぜる。そのまま 20 分ほどおいて、下味をつける。

3 卵を混ぜる

鶏肉に卵を割り入れ、手で混ぜる。

★POINT
手で黄身をつぶしながら、鶏肉によくからめる。

4 小麦粉を混ぜる

小麦粉をふり入れ、さらに手で混ぜる。粉っぽさがなくなれば OK。

5 鶏肉を揚げ始める

サラダ油をフライパンの底から１cmほど入れ、中火で熱する。高温（180℃）にして（P.4参照）、鶏肉を１切れずつ入れて揚げる。

6 5～6分揚げる

肉の表面がカリッとしてきたら裏返し、ときどき上下を返しながら、５～６分かけて揚げる。

★POINT
香ばしい匂いが立ち、全体がこんがりときつね色になったら OK。

7 油をきる

網を敷いたバットなどに取り出して油をきる。冷凍ポテトがあれば、凍ったままこんがりと揚げ、油をきって塩をふり、から揚げに添えても。

鶏肉のから揚げ

香ばしくカリッと揚がった鶏肉は、至極の逸品。
おかずによし、つまみによしと、人気のあるメニュー。
自分で作れば、熱々をほおばることができる！

麻婆豆腐

材料（2人分）

豚ひき肉…100g
絹ごし豆腐…１丁（300g）
ねぎ…５㎝
にんにく…１かけ
しょうが…½かけ
サラダ油…大さじ１
豆板醤…小さじ½
鶏ガラスープの素…小さじ½
しょうゆ…大さじ１
片栗粉…大さじ1½
粉山椒…少々

作り方

1 豆腐を切る

豆腐は、厚みを半分に切り、約２㎝角に切る。

2 豆腐をゆでる

鍋に豆腐とかぶるくらいの水を入れ、強火にかける。沸騰直前になったら火を止め、豆腐を湯の中につけておく。

★POINT
豆腐をゆでると、余分な水分が抜けて煮くずれしにくくなる。

3 ねぎ、にんにく、しょうがを切る

ねぎ、にんにく、しょうがは、みじん切りにする（P.147参照）。容器に、水⅔カップ、鶏ガラスープの素、しょうゆを混ぜてスープを作っておく。別の容器に片栗粉を入れ、水大さじ1½で溶く。

4 豆板醤を炒める

フライパンにサラダ油、にんにく、しょうがのみじん切りを入れ、中火にかけて炒める。香りが出たら豆板醤を加え、炒めて油になじませる。

5 ひき肉を加える

ひき肉を加え、細かく木べらでほぐしながら炒める。

6 味をつける

肉の色が変わってそぼろ状になったら、**3**のスープを加える。フツフツと煮立ってから、１分ほど煮る。

7 とろみをつける

3の水溶き片栗粉を、もう一度混ぜて加え、全体に混ぜてとろみをつける。

★POINT
水溶き片栗粉は、時間がたつと片栗粉が下に沈むので、使う直前にもう一度混ぜるとよい。

8 豆腐、ねぎを加えてひと煮する

ざるに上げて水けをきった豆腐、ねぎのみじん切りを加えて全体に混ぜ、ひと煮立ちしたら火を止める。器に盛り、粉山椒をふる。

麻婆《マーボー》豆腐

思っているよりも、意外に簡単なのが麻婆豆腐。
豆腐を水きりし、香味野菜を刻めば、あとは炒め煮にするだけ。
仕上げに粉山椒をふると、グッとお店の味に近づける

とんカツ

材料（2人分）

豚厚切り肉（とんカツ用）…2枚
キャベツ…2～3枚
塩、こしょう…各少々
小麦粉…適量
卵…1個
パン粉…適量
サラダ油（揚げ油）…適量
練りがらし、ソース…各適量

作り方

1 豚肉の筋を切る

豚肉は、脂身と赤身の境目に、縦に2㎝おきに切り込みを入れ、筋を切る。裏返して、反対側も同様に筋を切る。

★POINT
筋を切ると、焼き縮みをふせげ、食べたときにやわらかい。

2 豚肉に下味をつける

豚肉の両面に、塩、こしょうをふる。

3 小麦粉をまぶす

茶こしに小麦粉を入れ、豚肉に均等にふり、裏返して反対側にもふる。茶こしがない場合は、スプーンから直接ふりかけてもよい。余分についた粉は軽くたたき落とす。

4 卵、パン粉をつける

卵を溶き、パン粉を用意する。豚肉の両面に溶き卵をつけ、すぐにパン粉をまぶしつける。残りの豚肉も同様にパン粉のころもをつける。

5 揚げる

サラダ油をフライパンの底から1㎝ほど入れ、中火で熱する。高温（180℃）にして（P.4参照）、豚肉を1枚ずつ並べ入れて揚げる。

6 裏返して揚げる

油に入れた面が、カリッとして香ばしく色づいてきたら裏返し、全体で5～6分かけて揚げる。

★POINT
油に入れたら、しばらくそのまま揚げる。すぐに菜箸などで触ると、ころもがはがれることがあるので気をつける。

7 油をきる

網を敷いたバットなどに取り出し、油をきる。まな板の上で、食べやすく切り分ける。

8 仕上げる

キャベツは、せん切りにする（P.147参照）。器にキャベツと**7**のとんカツを盛り合わせ、練りがらしを添える。好みでソースをかける。

とんカツ

外はカリカリ、中はジューシー、
さっくりと噛み切れるとんカツに揚げるには、
ちょっとしたコツがある。何度か作ってみて、
定食の王道を極めてみる楽しさを味わおう

骨つきチキンのカレー

材料（2人分）

鶏もも骨つき肉…2本
にんにく…1かけ
玉ねぎ…1個
トマト…2個
A ┌塩…小さじ⅓
　│カレー粉…小さじ1
　└プレーンヨーグルト…1カップ
B ┌クミンシード…小さじ½
　│シナモンスティック…1本
　│赤唐辛子…小1本
　└ローリエ…1枚
サラダ油…大さじ2
カレー粉…大さじ1
塩…小さじ½
温かいご飯…適量
ミックスナッツ…20g

作り方

1 鶏肉に下味をつける

ボウルに鶏肉を入れ、Aを順に加えて混ぜる。そのまま20分ほどおいて下味をつける。

★POINT
ヨーグルトを加えると、ほのかな酸味がつき、肉質がやわらかくなる。

2 にんにくを切る

にんにくは、粗いみじん切りにする。

3 玉ねぎを切る

玉ねぎは、粗いみじん切りにする（P.147参照）。

4 鍋で香辛料を炒める

鍋に、サラダ油とBの香辛料を入れ、弱火にかけて木べらで混ぜる。香りが出るまで1〜2分炒める。

5 にんにく、玉ねぎを加える

にんにく、玉ねぎの各みじん切りを加え、中火にして4〜5分炒める。

6 鶏肉、カレー粉を加える

玉ねぎが少し色づいてきたら、鶏肉を下味のヨーグルトごとすべて加える。すぐにカレー粉、塩を加えて、木べらで混ぜる。

7 ふたをして煮込む

鍋の中がフツフツと煮立ってきたら、弱火にしてふたをし、10〜15分煮る。煮ている間に、トマトのへたを取って、一口大に切る。

★POINT
弱火でじっくりと煮込むと、鶏肉が煮くずれずに火が通り、焦げつかない。

8 トマトを加えて煮込む

7の鍋にトマトを加え、中火にして7〜8分煮込めば、でき上がり。器にご飯を盛って、カレーをかける。ミックスナッツを包丁でざく切りし、ご飯の上に散らす。

骨つきチキンのカレー

骨つきのもも肉が、丸ごと入ったダイナミックなカレー。
スパイスを吟味し、市販のルウを使わない作り方で、
簡単にできるこだわりカレーの完成

肉じゃが

材料（２人分）

牛こま切れ肉…150g
玉ねぎ…大½個
じゃがいも…２個
にんじん…½本
しらたき…½袋
サラダ油…大さじ½
砂糖…大さじ２
だし汁…１カップ
しょうゆ…大さじ２
七味唐辛子…少々

＊砂糖は、あれば黄褐色の三温糖を。こくのある甘さが肉じゃがに合う

作り方

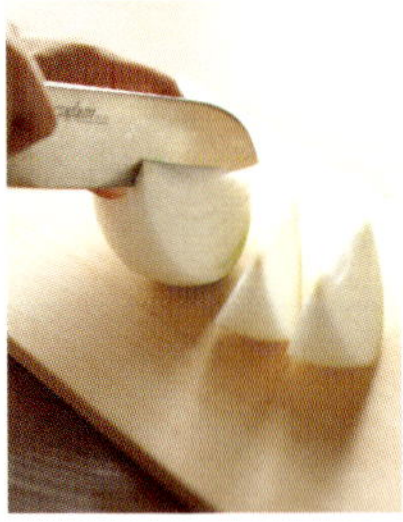

1 玉ねぎを切る

玉ねぎは、しんを切り離さないようにして、４等分のくし形切りにする。

2 じゃがいも、にんじんを切る

じゃがいもは皮をむいて一口大に切り、２分ほど水にさらして、ざるに上げる。にんじんは、一口大の乱切りにする（P.147 参照）。

★POINT
にんじんは、じゃがいもよりやや小さめに切ると、火の通りが均一になる。

3 しらたきを下ゆでする

しらたきは、長さ５㎝に切って鍋に入れる。かぶるくらいの水を加え、中火で１分ほどゆでてざるに上げる。

4 牛肉を炒める

鍋にサラダ油を中火で熱し、牛肉を入れて炒める。半分ほど火が通ったら、砂糖を加えて混ぜる。

5 野菜を加える

玉ねぎ、じゃがいも、にんじんを加え、上下を返すようにひと混ぜする。

6 だし汁を加えて煮る

だし汁、しょうゆを加えて煮立てる。アクが浮いてきたら、スプーンですくい取る。

7 落としぶたをして煮る

落としぶたをし、弱めの中火にして10分ほど煮る。

→ 弱め

★POINT
落としぶたをすると、少ない煮汁でも全体に回ってよく煮える。アルミホイルやクッキングシートを切って、落としぶた代わりにしてもOK。

8 しらたきを加えて煮る

鍋にすき間を作って、しらたきを加える。落としぶたをして、さらに５分煮る。落としぶたを取って中火に戻し、汁けが少なくなるまで煮詰めてでき上がり。器に盛り、七味唐辛子をふる。

弱め →

肉じゃが

素朴な家庭料理のひとつだが、
牛肉をたっぷり使ってぜいたくな一品にしても、おいしい。
野菜もゴロゴロと入って、ボリューム満点

よく使う魚の種類と選び方

魚と、こうつき合おう！

魚の種類、選び方を知っておこう。魚によっては、鮮魚店で下ごしらえしてもらうのも手。鮮度が大切なので、買ってきたらすぐに調理すべし。

一尾魚

❶きんき

“きちじ”とも呼ばれる白身の魚。目が澄み、体の色が赤くみずみずしいものが新鮮。下処理は鮮魚店に頼むのがお勧め。脂肪が多いので煮つけ、塩焼きに向く。

❷あじ

年中出回っているが、旬は夏。丸々と太って張りがあり、目が澄んでいるものが新鮮。鮮度が落ちると、えらから血が出やすい。脂がのっているものは、たたき、塩焼き、しょうゆ煮などに。

❸いわし

旬は春から夏。塩焼きや蒲焼きに向くのは、20㎝程度に成長したいわし。身が太っていて張りがあり、背の青みに光沢があるものを。身がやわらかいので、手開きができる。塩焼き、蒲焼き、つみれ、フライなどに。

❹さんま

旬は9～12月。塩焼きは、はらわたまで食べるので、鮮度のよいものを選ぶ。目が澄み、丸々と太って、腹側がしっかりしていること。塩焼き、蒲焼き、おろし煮などに。

切り身魚＆刺身

❶さば

一尾でも売られているが、スーパーでは二枚や三枚におろしたものが多い。身の模様がはっきりして、つやのあるものを選ぶ。しめさば、みそ煮、塩焼き、立田揚げなどに。

❷鮭

朝食や弁当に活躍する人気の切り身魚。色鮮やかで腹の身が厚く、脂がのっているものがうまい。生鮭、甘塩鮭が主流。焼き鮭、ソテー、汁の具、おにぎりの具などに。

❸かつお（刺身用）

旬は、初がつおと呼ばれる初夏、戻りがつおと呼ばれる晩秋。戻りがつおのほうが、脂がのって刺身に向く。半身、またはさく取りしたものが手に入りやすく、身が鮮やかなものを選ぶ。刺身、たたき、炒め物、煮物などに。

❹白身魚（刺身用・たい）

脂肪の少ない刺身用の白身魚は、たい（写真）、いさき、ひらめ、かれいなど。脂肪の多い白身魚は、しまあじ、はまち、かんぱちなど。たいは、血合いの赤みが鮮やかで、つやや透明感のあるものを選ぶ。刺身のほか、薄切りにしてカルパッチョなどにも。

いか・たこ・えび

❶いか
するめいか（写真）のほか、やりいか、けんさきいか、もんごういかなどが鮮魚店に並ぶ。ふっくら丸く、透明感のあるものがよい。新鮮ないかは、足を触ると吸盤が吸い付くような感じになる。刺身、網焼き、煮物、揚げ物などに。

❷たこ
店頭で、よく見るのが真だこ（写真）。日本産は小豆色、アフリカ産はピンクがかった小豆色で、皮がはげてなく、表面は固く、中は弾力があるものを。刺身のほか、炒め物、煮物、揚げ物、酢の物などに。

❸えび
店頭には、日本産のほか、世界各地から輸入されるえびが並ぶ。身がしっかりして透明感のあるものを選ぶ。えびフライや天ぷらには、大正えび（写真右）やブラックタイガーなどを。炒め物は、身の小さいえびやむきえび（写真左）でもOK。

貝

❶あさり
旬は晩秋から春にかけて。口がしっかり閉じているあさりを選ぼう。汁物、炊き込みご飯、酒蒸しなどに。

❷しじみ
旬は冬。あさりと同様に、汁に入れるだけでよいだしがとれる。口がしっかり閉じているしじみを選ぼう。汁物、酒蒸しなどに。

❸帆立の貝柱
殻つきが出回ることもあるが、手に入りやすいのはわたの処理された貝柱。つや、はりのあるものが新鮮。そのまま切って刺身にするほか、焼いたり、海鮮サラダなどに。

●残った刺身はしょうゆ漬けにして
残った刺身を、捨てるなんてもったいない。容器に入れてしょうゆ、酒を適量加えて漬けておき、冷蔵庫で保存。翌日に油を熱したフライパンで焼き、朝食や弁当のおかずになる。

きんきの煮つけ

材料（2人分）

- きんき（うろこ、わたを取ったもの）…小２尾
- ごぼう…½本
- 昆布（長さ３㎝）…２枚
- 砂糖…大さじ２
- しょうゆ…大さじ２

作り方

1 昆布だしをとる

フライパンに昆布、水2½カップ、砂糖、しょうゆを入れて混ぜ、10分ほどおいて昆布のだしをとる。

★POINT
調味液に昆布をつけ、しばらくおいて昆布のうまみを引き出す。

2 ごぼうを切る

ごぼうは洗い、包丁の背で皮をこそげ取る。細長い乱切りにして（P.147参照）、2分ほど水にさらす。きんきはサッと水で洗い、キッチンペーパーで水けを拭く。

3 ごぼうを煮る

1のフライパンにごぼうを入れ、中火にかける。フツフツと泡が立つまでしっかりと煮立てる。

4 きんきを並べ入れる

3が煮立ったところに、きんきを入れる。きんきは、腹側を合わせて頭と尾を互い違いにし、盛りつける面を上にして並べ入れる。一般的に、器に盛ったときに、頭が左向きになるようにする。

5 落としぶたをして煮る

再び煮立ってきたら落としぶたをして、弱めの中火で10分煮る。落としぶたがなければ、適当に切ったアルミホイルをのせて煮るとよい。

弱め

6 煮汁をかけて煮る

落としぶたを取り、スプーンで煮汁をかけながら、さらに5分煮る。煮汁が少なくなってきたら、鍋を傾けて煮汁をすくうとよい。

★POINT
平均に味がなじむように、煮汁をまんべんなくかける。

弱め

7 煮詰める

落としぶたはしないで、煮汁が少なくなるまでさらに煮る。フライ返しなどできんきを取り出して器に盛り、ごぼうを添える。

弱め

きんきの煮つけ

一尾を丸ごと煮つけた、豪快な魚のおかず。
つけ合わせのごぼうとともに、
昆布だしをきかせたしょうゆ味に仕上げる

いわしの蒲焼き

材料（２人分）

いわし…４尾
塩…少々
小麦粉…少々
サラダ油…大さじ１

A
- しょうがのすりおろし汁…大さじ１
- 砂糖…大さじ１
- しょうゆ…大さじ２
- 酒（または水）…大さじ３

B
- 大根（せん切り）…５㎝分
- 大根の葉（小口切り）…少々
- 塩…少々
- 青じそ（ちぎる）…３～４枚分

作り方

1 いわしを手開きする

a 頭を落とし、腹を切る
いわしの背側から、キッチンばさみで頭を切り落とす。腹側を、切り口から肛門に向けて切り開く。

▼

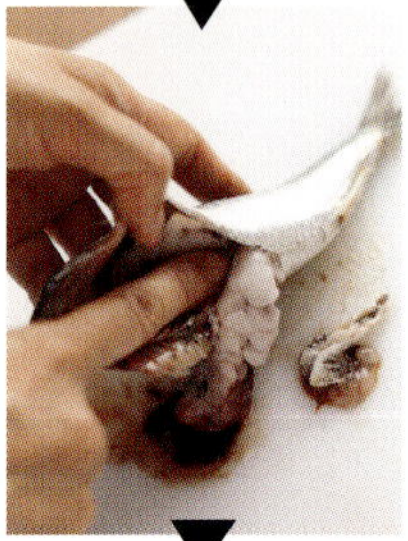

b わたを出す
指先を差し込んで、わたをかき出す。腹の内側をていねいに洗い、キッチンペーパーで水けを拭く。

▼

c 開く
頭のほうから、片方の親指で中骨の上をしごいて、尾のつけ根まで開く。

▼

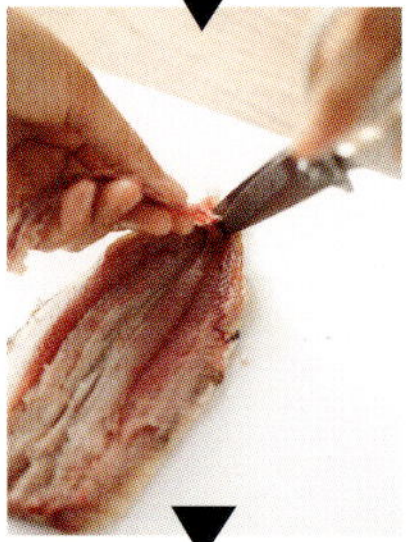

d 中骨を取る
頭のほうから尾へ、中骨をはずし、尾のつけ根のところを、キッチンばさみで切り取る。

▼

e 腹骨を取る
両側にある腹骨を、包丁を寝かせてすき取る。（詳しい手開きの方法はP.138 参照）

2 塩、小麦粉をふる

いわしの両面に塩をふり、茶こしで小麦粉をふっておいたバットなどに並べる。上からも小麦粉をふる。茶こしがなければスプーンからふってもよい。ボウルに**A**を入れて混ぜておく。

3 いわしを焼く

フライパンにサラダ油を中火で熱し、いわしを身のほうから入れて焼く。２分ほど焼いて裏返す。

★POINT
こんがりと焼き色がついたら裏返すタイミング。フライ返しを使うと、身がくずれない。

4 たれをからめて焼く

反対側も２分ほど焼き、**A**を加えてフライパン全体に広げ、ひと煮立ちさせて味をからめる。いわしの蒲焼きを器に盛る。**B**の大根、大根の葉を塩でもみ、塩を洗い流して水けを絞り、青じそと混ぜて添える。

いわしの蒲焼き

いわしは、身のやわらかい魚なので、手開きできる。
開いたら、まずその形を生かした蒲焼きに挑戦すべし。
しょうがのきいた甘辛いたれが食欲を刺激！

えびフライ

材料（2人分）

えび…大6尾
塩、こしょう…各少々
小麦粉…適量
卵…1個
パン粉…適量
サラダ油（揚げ油）…適量

A ┌ピクルス（きゅうり）…小1本
　 │ゆで卵（固ゆで）…1個（P.148参照）
　 └マヨネーズ…大さじ3

ベビーリーフ…適量

作り方

1 えびの殻をむく

えびは、尾からのひと節を残し、足、殻をくるりとむいて取る。

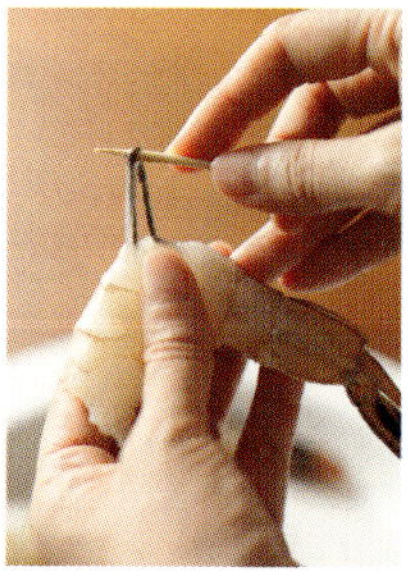

2 背わたを取る

えびの背を丸めて持ち、黒っぽい背わたがあれば、竹串を差し込んで引き抜いて取る（P.141参照）。

3 尾の先端を切る

尾の先端をキッチンばさみで切り落とし、中に入っている水をしごき出す。

★POINT
尾の中の水分を抜かないと、揚げるときに油ハネの原因になる。

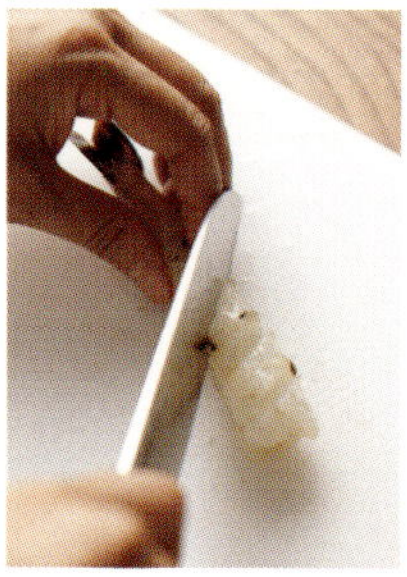

4 腹側に切り込みを入れる

えびの腹側を、厚みの半分まで、1㎝間隔で斜めに切り込みを入れ、筋を切る。

5 身をのばす

両端から身を引いて、一度まっすぐにのばす。こうすると、揚げたときに縮みにくい。塩、こしょうをふって下味をつける。

6 ころもをつける

卵を溶きほぐし、小麦粉、パン粉を用意する。えびは、小麦粉をまぶして溶き卵をつけ、さらにパン粉をつける。

7 揚げる

サラダ油をフライパンの底から1㎝ほど入れ、中火で熱する。高温（180℃）にして（P.4参照）、ころもをつけたえびを1尾ずつ入れて3分ほど揚げる。

★POINT
表面がカリッとしてきつね色になってきたら、取り出して油をきる。

8 タルタルソースを作る

Aのピクルスは、粗いみじん切りに。ゆで卵は白身と黄身に分け、白身をみじん切りにする。すべてのAを器に入れ、黄身をつぶしながら混ぜてタルタルソースを作る。器に、ベビーリーフとえびフライを盛り合わせ、タルタルソースを添える。

※タルタルソースはあらかじめ作っておいてもよい。

えびフライ

シーフードの人気洋食のひとつが、えびフライ！
ここでは大正えびを使ったが、ブラックタイガーなどでも。
ゆで卵入りの、本格的なタルタルソースで食べよう

鮭のちゃんちゃん焼き

材料（2人分）

- 生鮭の切り身…2切れ
- 玉ねぎ…½個
- キャベツ…約300g
- 生しいたけ…4枚
- 塩…少々
- サラダ油…大さじ1
- A
  - しょうがのすりおろし…大さじ3
  - みそ…大さじ2
  - 砂糖…小さじ1
  - 酒…大さじ2
- 一味唐辛子（好みで）…少々

作り方

1 鮭に下味をつける

鮭は、身のほうに塩をふる。

★POINT
塩は、やや高めの位置からふると、魚全体にまんべんなくふりかけられる。

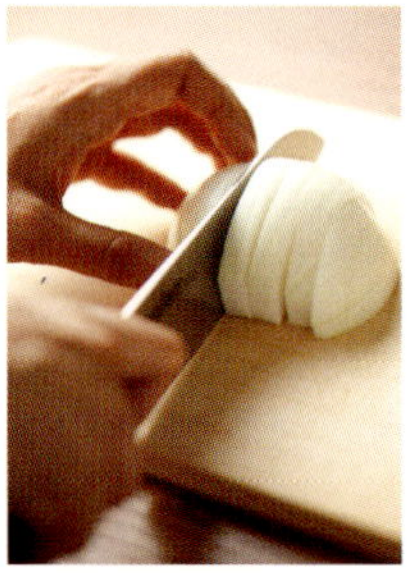

2 玉ねぎを切る

玉ねぎは、縦に幅1㎝に切る。

3 キャベツを切る

キャベツは固いしんを取り、4㎝四方に切る。

4 しいたけを手で裂く

しいたけは石づきを取り（P.145参照）、切り口に十文字の切り込みを入れ、手で4つに裂く。

5 みそだれを作る

容器にAを入れてよく混ぜ、みそだれを作る。

6 鮭、野菜を入れる

フライパンにサラダ油を中火で熱し、鮭の皮のほうを下にして並べ入れる。切った玉ねぎ、キャベツ、しいたけを均等に入れる。

7 蒸し焼きにする

みそだれを、野菜の上からところどころにのせる。ふたをして、中火で7～8分蒸し焼きにする。

8 鮭をほぐして混ぜる

野菜がしんなりしたらふたを開け、木べらで鮭を大きめにほぐしながらざっくりと混ぜる。そのまま、みそをなじませながら2～3分焼いて汁けを飛ばす。食べるときに、好みで一味唐辛子をふる。

鮭のちゃんちゃん焼き

気軽に作りたいときは、切り身魚が便利。
キャベツたっぷりのちゃんちゃん焼きは、
こくがあって香ばしいみそ味が魅力！

さばのピリ辛みそ煮

材料（2人分）

さばの半身（二枚おろし）…1枚
ねぎ…1本
A［しょうがのすりおろし汁…小さじ1
　 塩…少々
B［豆板醤…小さじ½
　 みそ…大さじ1
サラダ油…大さじ½
香菜（あれば）…少々

作り方

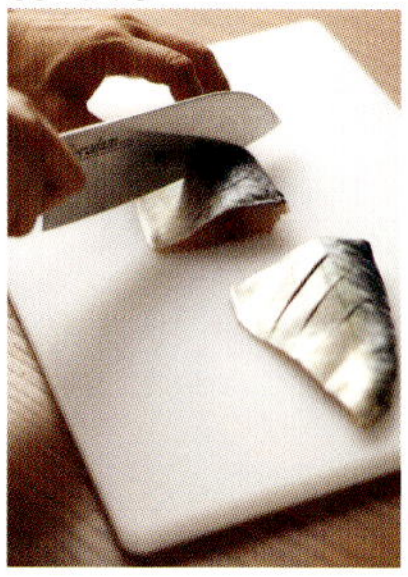

1 さばを切る

さばは、キッチンペーパーで余分な水けをふき、半分に切る。皮のほうに、3～5本切り目を入れる。

2 さばに下味をつける

容器にAを入れて混ぜる。皿に並べたさばの上からかけ、そのまま10分以上おいて下味をつける。

★POINT
下味のしょうがは、よい風味をつけるとともに、魚の臭みを消す。

3 ねぎを切る

ねぎは、¼ほどを斜め薄切りにして、水にさらす。残りのねぎは、幅1㎝で斜めに切る。水にさらしたねぎは、キッチンペーパーに包んで水けをきる。

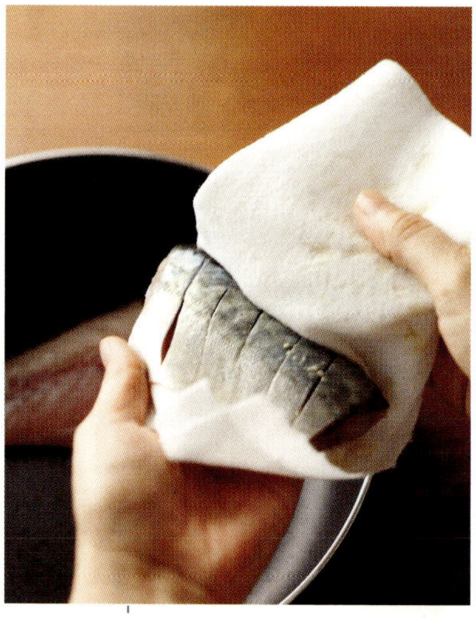

4 さばを焼く

フライパンにサラダ油を中火で熱する。さばの汁けをキッチンペーパーで拭き、皮目のほうを下にして入れる。斜めに切ったねぎも加える。

5 調味料を加える

容器に、Bと水1カップを入れて混ぜ、煮汁を作る。さばに焼き色がついてきたら裏返し、煮汁を注ぐ。落としぶたをして、中火で10分ほど煮る。

6 煮汁をかける

さばに火が通ったら落としぶたを取り、煮汁をスプーンで魚にかけながら煮る。煮汁が少なめになるまで煮詰める。器に盛り、3の薄切りのねぎと香菜を混ぜて飾る。

★POINT
煮汁が少なくなったら、フライパンを傾けてスプーンですくってかける。

MEMO
さばの身は、キッチンばさみで半分に切っても。固い骨も比較的ラクに切ることができる。

さばのピリ辛みそ煮

さばは、しょうがで下味をつけて臭みを消し、
豆板醤をきかせて韓国風のみそ煮に。
お気に入りの魚料理になること、間違いなし！

よく使う野菜の種類と選び方

野菜と、こうつき合おう！

近年は、どの野菜もほぼ一年中店頭に並ぶけど、ここでは野菜の旬や選び方を確認。特に表記のないものは、ポリ袋に入れて冷蔵庫の野菜室で保存し、鮮度のよいうちに食べよう。

葉の野菜

❶青菜類

ほうれん草（写真）や小松菜の旬は冬。葉が肉厚で大きさのそろっているものを選ぶ。

❷白菜

冬が旬。持ったときにずっしりと重く、葉の巻きが固いものを。切り口の盛り上がったものは、切ってから時間のたったもの。

❸レタス

旬は春から初夏にかけて。生で食べることが多いので、ていねいに洗おう。葉にはりがあってみずみずしいものを。

❹キャベツ

春キャベツは、巻きがゆるくて葉がやわらかく、サラダなど生食向き。冬キャベツは巻きが固くて葉もしっかりし、煮物や炒め物に向く。

❺にら

旬は冬から春にかけて。スッとのびてみずみずしく、色が鮮やかなものを。

根の野菜

❶大根

冬が旬。固く締まってずっしりと重みがあり、白くはりのあるものを選ぶ。葉がついていたら切り離し、ポリ袋に入れて野菜室で保存。

❷ごぼう

新ごぼうが初夏に出回るが、旬は秋。すらっとして全体の太さに差のないものを。泥つきは新聞紙で包んで室温で、洗ったものはラップで包み野菜室で保存。

❸にんじん

通年出回っている。切り口のしんの直径が小さく、なめらかで色のきれいなものを選ぶ。水けをよく拭いて、ポリ袋に入れて野菜室で保存。

きのこ

❶しめじ

一年中出回っていて、ほとんどが「ひらたけ」。太く短い軸、かさの色が濃いものを選ぶ。

❷しいたけ

通年手に入る。かさの肉づきがよくてふっくらしているものを。

❸エリンギ

通年手に入る。ふっくらとして変色していないものを。

❹えのきたけ

通年手に入る。シャキシャキとした歯応えのきのこ。しんなりとして変色しているものはNG。

花の野菜

❶ブロッコリー

冬が旬。濃い緑色で、つぼみが大きく締まっているものを。日持ちが悪く、つぼみが黄色く変色するので早めに使いきる。

❷カリフラワー

冬が旬。固く締まってずっしりと重みのあるものを。いたみやすいので、早めに使いきる。

いも

❶さつまいも
秋が旬。表面がなめらかで、色にムラがないものを。風通しのよい冷暗所で保存。

❷じゃがいも
春先の新じゃがと、秋から冬にかけてが旬。ふっくらとして、皮の薄いものを。丸いのが男爵（写真）、細長いのが煮くずれしにくいメークイン。風通しのよい冷暗所で保存。

❸里いも
秋が旬。ふっくらして、皮が茶褐色で湿りけのあるものが新しい。風通しのよい冷暗所で保存。

豆

❶さやいんげん
春から夏が旬。緑色が濃くてみずみずしいものを。しみや黒ずんだものは鮮度落ちしている。

❷そら豆
春から初夏が旬。さやがきれいな濃い緑色のものを。鮮度が落ちやすいので、さやから出してすぐにゆでよう。ゆでて冷蔵室で保存し、1～2日で食べきる。

❸さやえんどう
春から初夏が旬。さやごと食べる若いえんどうの総称で、きぬさや（写真）、砂糖さやなどがある。実を食べるのがグリンピース。緑色が鮮やかではりのあるものを。

ねぎ・玉ねぎ

❶わけぎ
ねぎの一種で、春先によく出回る。ぬたなどに利用される。

❷ねぎ
冬が旬。白い部分を食べる根深ねぎ（写真）、葉を食べる葉ねぎがある。白や緑色の部分がくっきりと分かれているものを。泥つきは新聞紙で包んで冷暗所に。洗ったもの、使いかけは、ポリ袋に入れて野菜室に保存。

❸細ねぎ
通年出回り、青ねぎ、小ねぎ、万能ねぎなどと呼ばれる。緑色が濃く、みずみずしいものを。主に薬味や彩りに使われる。

❹玉ねぎ
一年中出回っているが、旬は秋。固くて身がしっかりしまり、ずっしりと重いものを。風通しのよい冷暗所で保存。みずみずしくて生食に向く新玉ねぎは、春が旬。いたみやすいのでポリ袋に入れて冷蔵室に。

実のなる野菜

❶なす
夏から秋にかけてが旬。主流は中長なす（写真）だが、米なす、小なす、加茂なすなどある。黒紫色が濃く、皮にはりやつやのあるものを。新鮮なものは、へたの周りのとげに触ると痛いくらい。

❷かぼちゃ
初夏が旬。主流は、肌のつるりとした西洋かぼちゃ（写真）。カットされているものは、果肉が厚く、黄色の濃いものがよい。

❸しし唐辛子
夏が旬。ピーマンの仲間で、たまに辛いものがある。表面に光沢があり、へたのしっかりしているものを。

❹きゅうり
夏が旬。緑色が鮮やかではりのあるもの、とげに触ると痛いくらいが新鮮な証拠。水けを拭き、ポリ袋に入れて野菜室で保存。

❺オクラ
夏が旬。アフリカが原産地なので、温かい気候を好む。緑色が濃く、切り口やへたに黒ずみがないものを。うぶ毛がびっしり生えたものは新鮮。

❻ピーマン
夏が旬。緑色が濃くて、はり、つやのある肉厚なものがうまい。水けがあるといたみやすいので、水けを拭いてポリ袋に入れて野菜室で保存。

❼トマト
夏が旬。全体に赤く、はりがあって身の締まっているものがよい。へたがピンとして、切り口が新しいのも目安に。

回鍋肉

材料（２人分）

豚バラ薄切り肉…100g
キャベツ…200g
ねぎ…¼本
ピーマン…２個
塩、こしょう…各少々
片栗粉…大さじ½
サラダ油…大さじ１

A
- 甜麺醤…大さじ２
- しょうゆ…大さじ１
- 酒（または水）…大さじ１

作り方

1 豚肉に下味をつける

豚肉は、長さ３㎝に切り、塩、こしょうをふる

2 キャベツを切る

キャベツは固いしんを取り、４㎝四方に切る。

★POINT
葉を重ねてザクザク切ると、能率がいい。

3 ねぎを切る

ねぎは、幅５㎜で斜めに切る。

4 ピーマンを切る

ピーマンは縦半分に切り、へたと種を取り、横に幅７～８㎜に切る。

5 合わせ調味料を作る

容器にAを入れて混ぜ、合わせ調味料を作る。

6 豚肉を炒める

別の容器に豚肉を入れ、片栗粉をまぶす。フライパンにサラダ油を強火で熱し、豚肉を入れてほぐすようにして１分ほど炒めて焼き色をつける。

★POINT
片栗粉がうまみを閉じ込め、香ばしく焼ける。

7 野菜を加える

ねぎ、ピーマン、キャベツの順に野菜を加え、炒め合わせる。

8 仕上げる

野菜全体に油が回ってしんなりしたら、合わせ調味料を加えて手早く混ぜる。

回鍋肉《ホイコーロー》

淡泊な味のキャベツだが、濃厚な豚バラ肉、
甜麺醤と合わせれば、ガツンとしたご飯のおかずになる。
だれにでも作りやすいレシピなので、ぜひトライして

にらともやしのチヂミ

材料（2人分）

シーフードミックス(冷凍)…100g
にら…100g
もやし…½袋
じゃがいも…1個
小麦粉…大さじ1
A
- 卵…1個
- 小麦粉…½カップ
- 鶏ガラスープの素…小さじ½

ごま油…大さじ3

B
- コチュジャン…小さじ1
- 酢…大さじ1
- しょうゆ…大さじ1

作り方

1 シーフードミックスをもどす

シーフードミックスは、ざるに入れてしばらくおく。解凍したら水けをきり、ボウルに入れて小麦粉をふり、菜箸で混ぜる。

2 にらを切る

にらは長さ4㎝に切る。もやしは洗い、余裕があれば根を摘み取る(P.144 参照)。

3 じゃがいもを切る

1のボウルに、にら、もやしを入れる。じゃがいもは皮をむき、スライサーでせん切りにしながら、ボウルに加える。

★POINT
スライサーは手早くてラクだが、なければ包丁でせん切りにするとよい。

4 小麦粉の生地を作る

別のボウルに、Aと水⅓カップを入れ、泡立て器でなめらかに混ぜて、小麦粉の生地を作る。

5 チヂミのたねを作る

小麦粉の生地を、3のボウルに加えて混ぜ、チヂミのたねを作る。

6 チヂミを焼く

フライパンにごま油大さじ1を弱火で熱し、チヂミのたねを入れて広げる。そのまま7～8分焼く。

7 裏返して焼く

表面が乾燥し、裏側にこんがりと焼き色がついたら、フライ返しで裏返す。ごま油大さじ2を縁から回し入れ、さらに弱火で7～8分焼いて取り出す。食べやすく切り分けて、器に盛る。

★POINT
多めのごま油で、香ばしくカリッと焼き上げる。

8 たれを作る

容器に、Bと水大さじ1を入れてよく混ぜ、たれを作ってチヂミに添える。

にらともやしのチヂミ

野菜をたっぷり入れ、シーフードミックスでアクセントをつけたチヂミ。
多めのごま油で、カリッと焼き上げるのがおいしさのコツ。
夜食や飲んだあとのひと皿として作ってもいい

もやしのバターしょうゆ炒め

材料（２人分）

鶏ひき肉…100g
もやし…２袋
にんにく…１かけ
万能ねぎ…２本
塩、こしょう…各少々
片栗粉…大さじ½
サラダ油…大さじ½
バター…10g
しょうゆ…大さじ１

作り方

1 もやしの根を摘み取る

もやしは洗ってざるに上げ、水けをきる。もやしの先の細い根元を、指先で摘み取る（P.144参照）。

★POINT
根を摘むと、臭みがなくなって歯応えがよく、よりおいしくなる。余裕のあるときは、このひと手間でプロの味に迫る。

2 にんにくを切る

にんにくは、横に薄切りにする。繊維を断ち切ると、より香りが立ちやすくなる。万能ねぎは小口切りにする。

3 ひき肉に下味をつける

ボウルにひき肉を入れ、塩、こしょう、片栗粉を加えて菜箸で混ぜて下味をつける。

4 にんにくを炒める

フライパンにサラダ油とにんにくを入れて弱火で熱する。にんにくがこんがりするまで炒める。

5 ひき肉を加える

下味をつけたひき肉を加えて中火にし、木べらでほぐしながら炒める。

6 もやしを加える

ひき肉に焼き色がついてきたら、もやしを加えて強火にし、１分ほど炒める。全体に油が回るように大きく混ぜる。

7 仕上げる

中心にバターを落とし、しょうゆを回し入れる。ザッとひと混ぜして火を止める。器に盛って万能ねぎをふる。

★POINT
炒め物は手早さが勝負。強火で全体に味が行きわたるように大きく混ぜる。

もやしのバターしょうゆ炒め

弱火でにんにくの香りを引き出し、肉を炒めてもやしを投入したら、あとは強火でガーッと手早く炒める。これが野菜炒めの極意！シャキシャキとしたもやしのおいしさを味わおう

ラタトゥイユ

材料（2人分）

- 玉ねぎ…1個
- セロリ…¼本
- セロリの葉…適量
- 赤ピーマン…1個
- なす…2本
- ズッキーニ…1本
- トマト…2個
- ベーコン…2枚
- オリーブ油…大さじ3～5
- 塩…小さじ½
- こしょう…少々
- ローリエ…1枚

作り方

1 玉ねぎ、セロリ、赤ピーマンを切る

玉ねぎは、縦半分に切って2～3㎝四方に切る。セロリは幅5㎜に切り、セロリの葉はちぎる。赤ピーマンは、縦半分に切ってへたと種を取り、さらに縦半分に切ってから、長さを斜め半分に切る。

2 なす、ズッキーニを切る

なすはへたを取って四つ割りにし、さらに長さ3㎝に切る。ズッキーニは縦半分に切り、幅1㎝に切る。ともに水に2～3分さらし、キッチンペーパーで水けを拭く。

★POINT
水にさらすと、アクが抜けてえぐみがなくなる。

3 トマトを切る

トマトはへたを取り、適当にくし形に切ってから、一口大のザク切りにする。

4 ベーコンを切る

ベーコンは、幅1㎝に切る。

5 ベーコンを炒める

鍋にオリーブ油大さじ3を中火で熱し、ベーコンを入れて木べらでサッと炒める。

6 玉ねぎ、セロリ、赤ピーマンを加える

玉ねぎ、セロリ、赤ピーマンを加えて、しんなりとするまで炒める。セロリの葉は最後に加えるのでとっておく。

7 なす、ズッキーニを加える

玉ねぎがしんなりしたら、なす、ズッキーニを加え、塩、こしょう、ローリエを加え、5～6分炒める。様子を見て、油がたりないようならオリーブ油大さじ1～2をたす。

8 トマトを加えて仕上げる

トマトを加えてふたをし、トマトが少し煮くずれるくらいまで2～3分煮る。仕上げに、セロリの葉を加えてひと混ぜする。

ラタトゥイユ

トマトやズッキーニなど夏野菜をたっぷりと使った、
南仏プロヴァンス地方の人気料理、ラタトゥイユ。
パンを添えたり、パスタソースにしても

網焼き野菜

シンプルに焼いた野菜や肉を、
次々にたれにつけるだけの簡単料理。
10分ほど味をなじませてもうまい

材料（2人分）

- 玉ねぎ…½個
- なす…1本
- しし唐辛子…50g
- にんじん…¼本
- 牛肉（焼き肉用）…100g
- A
  - にんにくのすりおろし…½かけ分
  - 玉ねぎのすりおろし…¼個分
  - 砂糖…大さじ½
  - 一味唐辛子…少々
  - しょうゆ…大さじ3
  - 酢…大さじ3
  - ごま油…大さじ1

作り方

1 たれを作る

ボウルに、Aと水大さじ1を入れて混ぜ、甘辛いたれを作る。

2 野菜を切る

玉ねぎは切り口を下にし、縦に1cm間隔で楊枝をさし、その間を横に切る（楊枝をさしているので、バラけない）。なすはへたを取り、縦に4等分に切る。しし唐は、楊枝に4個ずつさす。にんじんは、幅5mmの輪切りにする。

3 野菜を焼く

焼き網を強めの中火で熱し、玉ねぎをのせて焼く。上下を返して両面を焼き、しんなりして焼き色がついてきたら、取り出す。続けて、残りの野菜をのせて同様に焼いて、取り出す。

4 野菜をたれにつける

1のたれに、野菜をつける。玉ねぎ、しし唐は、楊枝を抜いて入れ、味をしみ込ませておく。

5 肉を焼いて仕上げる

焼き網を強火で熱し、牛肉をのせて両面を焼く。好みの焼き加減で取り出し、野菜の入ったたれに加えて混ぜて、器に盛る。

★POINT
甘辛いたれを、まんべんなくからめるのがコツ。

小松菜ときのこのさっと煮

野菜不足を解消したいと思ったら、旬の野菜で作るさっと煮に限る。シンプルにおいしいひと皿

材料（２人分）

小松菜…150g
しめじ…50g
えのきたけ…50g
にんじん…３㎝
油揚げ…１枚
だし汁…１カップ
しょうゆ…大さじ1½

作り方

1 野菜を切る

小松菜は、根元を切って長さ４㎝に切る。しめじ、えのきたけは、石づきを取ってほぐす。にんじんは幅１㎝に切り、さらに薄切りにする（短冊切り／ P.146 参照）。

2 油揚げを切る

油揚げは、一口大の三角形に切り、ざるに入れて熱湯をかけ、油抜きをする。

3 鍋で煮る

鍋に、だし汁、しょうゆ、油揚げを入れて中火にかける。煮立ってから２分ほど煮、にんじん、しめじ、えのきたけ、小松菜の順に加え、にんじんに火が通るまで煮る。

★POINT

火の通りにくいにんじんは、大きさをそろえて薄く切る。

先に油揚げをひと煮してから、野菜を加えて火を通せばOK。

ご飯を炊く

炊飯器まかせのご飯でも、しっかり米をといで浸水させてスイッチを押せば、おいしいご飯が炊ける。ご飯好きには、土鍋で炊く通な方法も伝授。

米をとぐ

最近は無洗米などもあるが、きちんととといだ米はひと味違う。

1 米を量る

米は、米専用の計量カップ(1合・180ml)に入れてすり切り、必要な分量をボウルに入れる。

2 たっぷりの水を入れる

米にたっぷりの水を加え、米の表面の汚れを落とすようにさっとかき混ぜる。

3 すぐに水を捨てる

米を流さないように手を添え、ボウルを傾けて水を捨てる。米は、最初の水をすぐに吸収。ゆっくり洗っているとぬか臭くなるので気をつける。

4 水を加えてとぐ

水を浸る程度に加え、シャッ、シャッと一定のリズムで、米同士をこすり合わせるようにする。水を替え、水のにごりがなくなるまで、3～4回繰り返す。

5 たっぷりの水で洗う

最後にたっぷりの水を加えて混ぜ、水を捨てる。これを2回くらい繰り返す。

6 米の水けをきる

米をざるに入れて、水けをきり、15～30分おいて吸水させる。

炊飯器で炊く場合

といだ米を入れ、指示通りに水加減すれば、最も簡単に失敗なくご飯が炊ける。

1 内釜に米を入れる

炊飯器の内釜に、水けをきった米を入れる。

2 水を加える

炊飯器の表示通りに水を加え（米2合なら米2合の水の目盛りまで）、表面をならしてふたをし、スイッチオン。

3 炊き上がったら混ぜる

米が炊けて蒸らし終えたら、水でぬらしたしゃもじで、上下を返すようにさっくりと混ぜておく。

土鍋で炊く場合

土鍋で炊いたご飯は格別。何度かトライすれば、コツがつかめてくる。

1 米を入れる

といだ米を土鍋に入れる

2 水を加える

米の2割増しの水を加え、表面をならす。鍋のふたをする。

3 強火にかける

鍋を強火にかけ、蒸気が吹くまで煮立てる。

4 ふたを開けて混ぜる

ふたを開け、スプーンなどで手早く混ぜて温度を均一にする。

5 弱火で10分

すぐにふたをし、弱火にして10分炊く。最後に、強火にして10秒加熱し、火を止める。

6 蒸らす

コンロからおろし、ふたをしたまま10分蒸らす。

7 炊き上がったら混ぜる

水でぬらしたしゃもじで、上下を返すようにさっくりと混ぜる。

米の選び方

米の種類はいくつもあり、同じ種類でも産地が変われば味が違うことも。また、何種類もの米をブレンドしたものもあり、味、値段が変わってくる。好みの米を見つけたら、精米日の新しいものを選ぼう。米は、精米したてが最もおいしく、時間がたつと酸化によって味が落ちる。

保存方法

清潔で乾燥した容器に入れて、湿気や匂いの少ない場所で保存しよう。容器に、古い米が残っていたり、ぬかがついていると、新しく入れた米の味が落ちる原因になる。

和風だし汁のとり方

みそ汁や吸い物、だしをきかせた薄味の煮物を作るときは、きちんととっただし汁を使うと断然おいしい！

かつお節と昆布のだし汁

かつお節と昆布の上品な風味のだし汁。みそ汁、吸い物、煮物などに。

材料（約3カップ分）
かつおの削り節…½カップ（約 10g）
昆布（長さ 6㎝）… 1 枚
水…4 カップ

1 昆布を拭く

昆布の表面を、乾いたふきんでサッと拭く。

2 昆布だしをとる

鍋に水と昆布を入れ､10分ほどおいてから中火にかける。鍋肌に小さい泡がついてきて、煮立つ寸前に昆布を取り出す。

3 削り節を加える

2 が煮立ったら、削り節を一気に加える。火を弱めて 1 分ほど煮、火を止めて削り節が沈むのを待つ。

4 こす

ボウルに、キッチンペーパーを重ねたざるをのせ、だし汁をこす。絞ると削り節のえぐみが出るので、自然に汁けをきって完成。

煮干しのだし汁

独特のうまみとこくがあり、みそ汁、田舎風の煮物などに。

材料（約３カップ分）
煮干し…20g
水…４カップ

1 煮干しの頭とわたを取る

煮干しは、腹をつまんでわたを取り、同時に頭も取る。頭やわたが入ると、にがみの原因になる。

2 水につける

鍋に水と煮干しを入れ、20分以上おく。

3 煮る

鍋を中火にかけ、10分ほど煮てだしをとる。途中、アクが浮いてきたらすくい取る。

4 煮干しを取り出す

火を弱め、菜箸で煮干しを取り出す。ていねいにするなら、火を止めてから、目の細かいざるでこして完成。

昆布のだし汁

昆布のうまみが出たシンプルなだし汁。鍋、湯豆腐、お浸しなどに。

材料（約３カップ分）
昆布（長さ６㎝）…１枚
水…４カップ

1 昆布を水に浸す

昆布は表面をふきんで拭く。鍋に水と昆布を入れ、20分ほどおいてうまみを出す。

2 火にかける

鍋を弱めの中火にかけ、煮立つ直前に昆布を取り出す。

弱め

和風だしの素の使い方

煮物などに少量のだしが必要なときは、インスタントの和風だしの素を利用するのも一案。ただし、塩分が多く含まれているので、味つけは味をみながら控えめに。

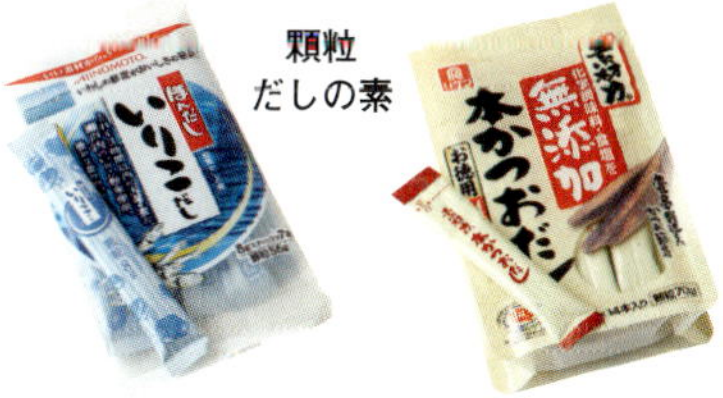

顆粒だしの素

液体だしの素

和風だしの素（顆粒、液体）

おでんや煮物のように、具の中まで風味をしみ込ませたいときは、商品に表示された分量を最初から加えるとよい。吸い物やみそ汁は、風味が飛ばないように煮立つ直前に加えるのがコツ。

パック入りだしの素

削り節の粉末などがパックされた、煮出すタイプ。分量の水に入れ、商品の表示通りに使う。

みそ汁を作る

**自分流で作りがちな、みそ汁。
ポイントを押さえれば、
いつもよりグンと味わい深くなる！**

だれもが好きな定番の組み合わせ

豆腐とわかめのみそ汁

材料（２人分）
わかめ(塩蔵)…5g
豆腐…½丁（150g）
だし汁…1½カップ
みそ…大さじ２

MEMO 香りのあるもの（ねぎ、みょうが、木の芽、七味唐辛子、粉山椒など）を吸い口として添えれば、さらに風味、おいしさが引き立つ。

作り方

1 わかめ、豆腐を切る

わかめは塩を洗って水でもどし、食べやすく切る。豆腐は1.5～2㎝角に切る。

★POINT
具は、火が通りやすく、食べやすい大きさに切る。

2 だし汁を煮立てる

鍋にだし汁を入れ、中火で煮立てる。

★POINT
だし汁は好みのもので。ていねいにとっただしがうまいが、時間のないときはインスタントの和風だしの素を表示通り溶かして利用しても。

3 具を入れる

豆腐を入れてひと煮立ちさせてから、わかめを投入。

★POINT
火の通りにくいものから、時間差をつけて加え、煮る。固い根菜などは先に弱火で５～６分煮るとよい。

4 みそを溶く

玉じゃくしにみそを取り、だし汁をすくいながら菜箸でみそを溶きのばして加え、ひと煮立ちする直前で火を止める。

★POINT
みそを加えたら、風味が飛ぶので煮立てない。ていねいにするなら、みそを小さめのざる（みそこし）に入れ、こしながら入れる。

油揚げのこくが大根を引き立てる

大根と油揚げのみそ汁

材料（2人分）

大根…3㎝
油揚げ…¼枚
だし汁…2カップ
みそ…大さじ2

作り方

1 大根は皮をむき、太めのせん切りにする。葉がついていれば、少し小口切りにする。油揚げは太めのせん切りにし、ざるに入れて熱湯をかけ、油抜きする。

2 鍋に、だし汁と大根を入れて中火にかける。煮立ったら弱火にし、5～6分煮る。油揚げ、大根の葉を加え、みそを溶き入れて、煮立つ直前に火を止める。

大根に透明感が出てきたら、油揚げを投入する。

みそ汁バリエーション

あさりのうまみが出るので、だしいらず！

あさりのみそ汁

材料（2人分）

あさり(砂出ししたもの)…100g
みそ…大さじ2

作り方

1 あさりは殻を洗い、水けをきって鍋に入れる。水2カップを加え、中火にかける。

2 1が煮立ってきたら弱火にし、アクを取りながら5～6分煮る。みそを溶き入れて、煮立つ直前に火を止める。

浮いたアクは、スプーンなどでていねいに取るとうまみが増す。

洋風スープ

本格的にスープをとろうとすると手間も時間もかかる。ふだんの料理に使う洋風スープは、固形、または顆粒スープの素も役に立つ。

固形スープの素

顆粒スープの素

洋風スープの素（固形・顆粒）

分量の湯に、商品の表示通りのスープの素を加えて溶かす。コンソメ味のほか、ビーフ、チキンなどの風味がある。固形は手でつぶしながら加えると湯に早く溶ける。顆粒は、使いきりのスティックタイプのほか、使う分量を調整しやすい瓶詰めがある。

ベーコンのこくでうまみアップ！

キャベツとベーコンのスープ

材料（2人分）

キャベツ…4枚　玉ねぎ…¼個　固形スープの素…½個
ベーコン…2枚　塩、こしょう…各少々

作り方

1 キャベツは固いしんを取って4㎝四方に切る。玉ねぎは薄切り、ベーコンは幅1㎝に切る。

2 鍋に、玉ねぎ、ベーコンを入れて中火でサッと炒める。水2カップ、キャベツ、固形スープの素を加え、煮立ててから5～6分煮る。塩、こしょうをふって味を調える。

固形スープの素は、指先で押すと簡単につぶれる。湯に早く溶けて味がなじむ。

中国風スープ

洋風スープと同様に、ふだんの料理に使う中国風スープは、鶏ガラスープの素や中国風味調味料を使って作ろう。

鶏ガラスープの素

ペースト状調味料

鶏ガラスープの素（顆粒）・中国風味調味料（ペースト状）

分量の湯に、商品の表示通りのスープの素を加えて溶かす。顆粒は使いきりのスティックタイプと、分量の調整できる瓶詰めがある。ペースト状は、湯に溶かなくてもなじみやすいので、炒飯や炒め物に直接加えられるのが特徴。

トマトの酸味がマッチ

トマトと卵のスープ

材料（2人分）

トマト…小1個　鶏ガラスープの素…小さじ½
ねぎ…2㎝　卵…1個　塩…小さじ⅓　こしょう…少々

作り方

1 トマトはへたを取り、食べやすいくし形に切る。ねぎは小口切り、卵は溶きほぐしておく。

2 鍋に湯2カップを入れて中火で煮立て、鶏ガラスープの素を加えて溶かす。トマト、ねぎを加えてひと煮立ちしたら、卵を細く回し入れて火を通す。塩、こしょうをふって味を調える。

鶏ガラスープは、湯にふり入れるだけ。味つけの加減に慣れるまでは、控えめに加えるのがコツ。

PART 4

3倍おいしい人気おかず

料理って、ひとつ覚えて終わりじゃない。
基本的なメニューは、
ラクにアレンジがしやすく、
レパートリーが広がる！

ARRANGEMENT

ARRANGEMENT

MENU

- ハンバーグ
- ロコモコ丼
- ハンバーガー
- チキンソテー
- チキンソテーの棒棒鶏風
- チキンサンドイッチ
- さんまの塩焼き
- さんまの混ぜご飯
- さんまのきのこあんかけ
- 焼き餃子
- スープ餃子
- 揚げ餃子＆カレーマヨ
- 八宝菜
- 春巻き
- あんかけ焼きそば

ハンバーグ

材料（２人分）

合いびき肉…200g
玉ねぎ…¼個
卵…½個分
サラダ油…大さじ１

A
- パン粉…¼カップ
- 塩…小さじ¼
- 牛乳…大さじ１
- こしょう、ナツメグ（あれば）…各少々

B
- トマト…１個
- バター…５g
- しょうゆ…大さじ１

ブロッコリー…適量

作り方

1 玉ねぎを炒める

玉ねぎはみじん切りにする（P.147参照）。フライパンにサラダ油大さじ½を中火で熱し、玉ねぎを入れてしんなりするまで炒め、取り出してさましておく。

2 ひき肉と玉ねぎを混ぜる

ボウルに、合いびき肉、さました玉ねぎ、卵、Aを入れて、手で練り混ぜる。

3 白っぽくなるまでよく混ぜる

ねっとりと粘りが出て、白っぽくなるまでよく練り混ぜる。

★POINT
指先と手のひらを使って、こねるように混ぜる。

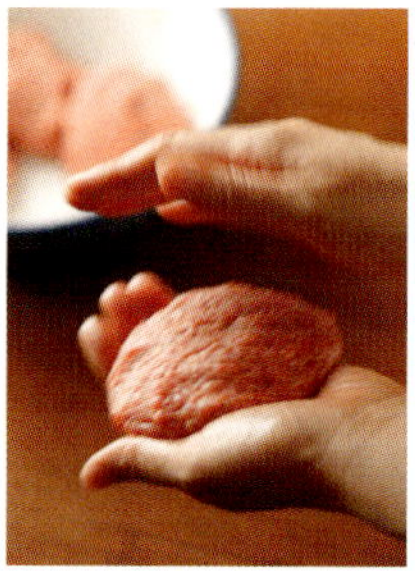

4 ハンバーグ形にする

ひき肉のたねを２等分して丸め、両手の間で交互に打ちつけて、中の空気を抜く。ハンバーグ形にし、中央を押さえて少しくぼませる。

5 ハンバーグを焼く

フライパンにサラダ油大さじ½を中火で熱し、**4**のハンバーグを入れて２分ほど焼く。

6 裏返して焼く

焼き色がついてきたら裏返し、弱火にしてふたをする。６分ほど蒸し焼きにして中まで火を通す。

7 焼き上がりを確認する

ふたを開けて竹串をさし、澄んだ肉汁が出てきたら、フライ返しで器に盛る。Bのトマトはへたを取って一口大の乱切り、ブロッコリーはゆでる（P.142参照）。

★POINT
竹串をさして、赤い肉汁が出たら、ふたをしてさらに２～３分焼く。

8 ソースを作る

フライパンは洗わず、刻んだトマトを入れて中火で炒める。トマトの角が取れてきたら、残りのBを加えてなじませる。ハンバーグにかけ、ゆでたブロッコリーを添える。

アレンジメニューにGO▶▶▶	ハンバーグは、倍量で作って残りを冷凍保存し、P.94、95のアレンジメニューに使っても。保存方法は、１個ずつラップで包み、冷凍用保存袋に入れて冷凍室で保存。１カ月を目安に使う。

ハンバーグ

ひき肉と玉ねぎの正統派ハンバーグ。
フレッシュトマトのソースで、
味も見た目もプロ顔負けのできばえ！

ハンバーグ
＊アレンジ
メニュー

ロコモコ丼

焼いたハンバーグがあれば、ハワイ風のどんぶりが
簡単に作れる。気楽なウイークエンドの
ランチタイムに楽しみたい

材料（２人分）

ハンバーグ…２個
卵…２個
温かいご飯…適量
サラダ油…少々
デミグラスソース（缶詰）
…½～1 缶（約150～290g）
ベビーリーフ…適量

＊ハンバーグは、P.92（作り方**1**～**7**）のものを使用。冷凍したものは、冷蔵室で自然解凍させる。

作り方

1 目玉焼きを作る

フライパンにサラダ油を中火で熱し、卵を割り入れる。やや火を弱めて、好みの固さの目玉焼きを作って取り出す。

2 ハンバーグを煮込む

フライパンを中火で熱し、ハンバーグ、デミグラスソースを入れて弱火にし、３分ほど煮る。

＊ P.92 の作り方 **7** で両面焼いたハンバーグにソースを加えてもよい。

3 仕上げる

どんぶりにご飯を盛り、目玉焼き、煮たハンバーグを盛り、ベビーリーフを添える。

★POINT
直接デミグラスソースを加えて、煮込むだけと簡単。

MEMO
デミグラスソース
香ばしく炒めたルウと、スープや野菜を煮込んだ、うまみとこくのあるソース。肉やオムレツのソース、ビーフシチューなどに使う。

ハンバーグ *アレンジ メニュー

ハンバーガー

お気に入りのバンズパンを見つけたら、ハンバーガーにトライ。
キッチンにある野菜やチーズをはさんで、オリジナルバーガーを作っても

材料（2人分）

- ハンバーグ…2個
- バンズパン…2個
- バター…10g
- レタス…1枚
- スライスチーズ…2枚
- トマトの輪切り…2枚
- ピクルス（きゅうり）…2切れ
- トマトケチャップ…適量

＊ハンバーグは、P.92（作り方1〜7）のものを使用。冷凍したものは、冷蔵室で自然解凍させる。

作り方

1 パンを焼く

バンズパンは、横半分に切る。フライパンを弱火で熱してバターを溶かし、パンの切り口を下にしておき、薄い焼き色がつくまで焼く。

2 ハンバーグを温める

耐熱の器にハンバーグを入れ、ラップをかけて電子レンジで2分加熱して温める。
＊焼きたてのハンバーグなら、電子レンジで温める必要はない。

3 仕上げる

パンに、適当にちぎったレタス、ハンバーグをのせ、ケチャップをかける。スライスチーズ、トマトの輪切り、ピクルスをのせて、もう一方のパンを重ねる。

★POINT

バターの風味をしみ込ませながら、カリッとパンを焼く。

安定よく具をつみ重ねて、パンではさもう。あれば、最後にピックなどをさすとよい。

チキンソテー

材料（２人分）

鶏もも肉…小２枚（400g）
塩、こしょう…各適宜
粗びき黒こしょう…少々
サラダ油…大さじ½

作り方

1 鶏肉の脂肪を取る

鶏肉は、表面の水けをキッチンペーパーで拭き、白っぽく見える大きな脂肪を切り取る。

2 鶏肉の筋を切る

身の焼き縮みを防ぐため、浅く切り込みを入れ、筋を切る。

3 皮に切り込みを入れる

裏返して皮に包丁の刃先をさし、数カ所に切り込みを入れ、味をしみ込みやすくする。

★POINT
切り込みを入れると、皮のほうからも下味がしみ込みやすくなる。

4 鶏肉に下味をつける

鶏肉の両面に、塩、こしょう各少々をふって10分ほどおき、キッチンペーパーで表面の水けを拭く。

5 鶏肉を焼く

フライパンにサラダ油を中火で熱し、鶏肉を皮のほうから入れて８～10分焼く。脂が出てきたら、キッチンペーパーで吸い取る。

★POINT
適当に丸めたキッチンペーパーを菜箸で持ち、鶏肉から出た脂をこまめに吸わせるとカリッと焼ける。

6 裏返して蒸し焼きにする

皮のほうに焼き色がついてきたら、裏返す。ふたをして、中火で２～３分蒸し焼きにして火を通す。

7 焼き上がり

竹串をさして、透き通った肉汁が出れば焼き上がり。器に盛り、塩少々、黒こしょうをふる。切り分けて器に盛ってもよいし、レモン（分量外）を搾っても。

アレンジメニューにGO▸▸▸
チキンソテーは、倍量で作って残りを冷凍保存し、P98、99のアレンジメニューに使っても。保存方法は、冷凍用保存袋に入れて冷凍室で保存。１カ月を目安に使う。

チキンソテー

こんがり焼けて香ばしく、ジューシーなチキン。
ただ焼いただけなのに、リッチなメインディッシュ。
今すぐガツンと食べたいときに作ってみよう

チキンソテーの棒棒鶏《バンバンジー》風

チキンソテー
*アレンジメニュー

チキンソテーがあれば、
中国風のおかずにもアレンジOK。
練りごまをきかせたたれが、
本格的な味わいをかもし出している

材料（2人分）

チキンソテー…1枚
キャベツ…2～3枚
きゅうり…1本
ねぎ…5㎝
しょうが…1かけ

A
- 豆板醤…小さじ½
- 練り白ごま…大さじ2
- 砂糖…小さじ½
- しょうゆ…大さじ1½

*チキンソテーは、P.96（作り方**1**～**7**）のものを使用。冷凍したものは、冷蔵室で自然解凍させる。

作り方

1 野菜を切る

キャベツは、塩少々（分量外）を加えた熱湯でゆで、水にとって水けをきる。幅5㎜に切り、手で水けを絞る。きゅうりは、斜め薄切りにしてからせん切りにする。キャベツときゅうりを混ぜて器に盛る。

2 たれを作る

ねぎ、しょうがはみじん切りにして、ボウルに入れる。Aを加えてよく混ぜ、たれを作る。

3 仕上げる

チキンソテーは幅1㎝に切り、**2**のボウルに加えてたれをからめ、**1**の野菜の上にのせる。残ったたれをかける。

★POINT
ねぎ、しょうがは、細かいみじん切りにすると、調味料になじむ。

チキンソテー
＊アレンジメニュー

チキンサンドイッチ

チキンソテー＆アボカドで、
しゃれたカフェ風サンドイッチが完成。
あとは濃いめのコーヒーをいれよう

材料（２人分）

チキンソテー…１枚
食パン(イギリスパン)…４枚
アボカド…１個
サラダ菜…４枚
バター、マヨネーズ…各適量

＊チキンソテーは、P.96（作り方**1**～**7**）のものを使用。冷凍したものは、冷蔵室で自然解凍させる。

作り方

1 チキンソテー、アボカドを切る

チキンソテーは、幅1㎝のそぎ切りにする。アボカドは、縦にくるりと切り込みを入れ、両手でひねって半分に割る。種に包丁の刃元をさして回し、はずす。皮をはがして、幅7～8㎜に切る。

2 パンにはさむ

食パンにバターを塗り、サラダ菜２枚、アボカドの½量をのせてマヨネーズをかけ、チキンソテーの½量を並べ、もう１枚の食パンではさむ。同様にもう一組作る。

3 仕上げる

はさんだ食パンの上に、適当な重さの皿などをのせる。軽く押してなじませて、食べやすく切る。

★POINT

具は、はさみやすいように均等に並べる。

重しをすると、パンと具がしっくりとなじみ、食べやすくなる。

さんまの塩焼き

材料（２人分）

さんま…２尾
塩…少々
大根…150g
すだち…１個
青じそ…２枚
しょうゆ…適量

作り方

1 さんまを洗って切る

さんまは、サッと水で洗い、大きければ半分に切る。

★POINT
背のほうから、キッチンばさみで切ればラク。

2 水けを拭く

余分な水けを、キッチンペーパーで軽く押さえるようにして拭く。さんまの両面に、塩をふる。

3 熱した網にさんまを並べる

焼き網を強火で熱し、盛りつける面を下にしてさんまを並べる。

★POINT
盛りつけたときに、頭が左、腹が手前にくる面から、先にのせて焼く。

4 さんまを焼く

中火にして、７～８分焼く。脂などが滴り落ちて、煙がもうもうと出ることがある。

5 裏返して焼く

こんがりとした焼き色がついたら、裏返す。同じように焼き色がつくまで、４～５分焼く。頭を左、尾を右、腹を手前に向けて皿に盛る。

★POINT
切り口が白っぽくなり、血や内臓が流れてこなければ焼き上がり。

6 仕上げる

大根は、皮をむいておろし金などですりおろす。軽く汁けをきって、青じそにのせてさんまに添え、しょうゆをかける。すだちは半分に切って添える。

アレンジメニューにGO▸▸▸
さんまの塩焼きは、時間がたつとおいしさを損なうので保存はNG。塩焼きに慣れてきたら、塩焼きをアレンジしたP.102、103のメニューにトライしてみよう。

さんまの塩焼き

さんまは、塩焼きからマスター。
旬のシーズンには、何度でも食べたくなる一品である。
脂ののったさんまは、やっぱり焼きたてが最高！

さんまの塩焼き
＊アレンジメニュー

さんまの混ぜご飯

さんまの塩焼きの身をほぐし、混ぜご飯に挑戦してみよう。刻んだ香味野菜を加えると、いつものご飯がごちそうになる

材料（２人分）

さんまの塩焼き…１尾
しょうが…½かけ
青じそ…５枚
温かいご飯…茶碗２杯分（約 300g）
塩…少々
白いりごま…大さじ１

＊さんまの塩焼きは、P.100（作り方 **1**～**5**）のものを使用。

作り方

1 さんまの身を取る

さんまの塩焼きは、頭と骨を取り除き、身を取り出す。

2 野菜を切る

しょうがはみじん切り、青じそは重ねて１㎝四方に切る。

3 ご飯を混ぜる

ボウルに温かいご飯を入れ、さんま、しょうが、青じそを入れ、塩、白ごまを加え、しゃもじで混ぜ合わせる。

★POINT

身は、混ぜるときにほぐれるので、身を取るときに細かくほぐす必要はない。

しゃもじで、大きくさっくりと混ぜるのがコツ。

さんまの塩焼き
＊アレンジメニュー

さんまのきのこあんかけ

ボリュームのあるさんま料理なら、
きのこあんかけがお勧め。
甘辛い味つけでご飯がすすむ！

材料（2人分）

- さんまの塩焼き…2尾
- しめじ…100g
- わけぎ…4本
- ごま油…大さじ1
- A
  - 鶏ガラスープの素…小さじ½
  - しょうゆ…大さじ1½
  - 片栗粉…大さじ1
  - 砂糖…小さじ½
  - 塩…少々
- 酢…大さじ1½

＊さんまの塩焼きは、P.100（作り方 **1**～**5**）のものを使用。

作り方

1 野菜を切る

しめじは石づきを取ってほぐし、わけぎは根を切って幅1㎝に切る。

2 きのこあんを作る

ボウルに、Aと水1カップを入れて混ぜ、煮汁を作る。フライパンにごま油を中火で熱し、しめじ、わけぎを入れてサッと炒める。煮汁をもう一度混ぜてから加え、混ぜながら煮立てる。

3 仕上げる

とろみがついてきたら火を止め、酢を加えて混ぜる。器にさんまの塩焼きを盛り、きのこあんをかける。

★POINT

しめじは、食べやすい大きさの小房に分ける。

合わせ調味料の片栗粉が下に固まるので、直前に再度混ぜてから加えて。

焼き餃子

材料（2人分）

豚ひき肉…200g
キャベツ…300g
にら…100g
しょうが…1かけ
にんにく…½かけ

A
- 塩…小さじ⅓
- こしょう…少々
- しょうゆ…大さじ1
- ごま油…大さじ1

餃子の皮…20枚（1袋）
サラダ油…大さじ1
ラー油、しょうゆ、酢…各適量

作り方

1 野菜の下ごしらえをする

鍋に湯を沸かしてキャベツをゆで、しんなりしたら水にとって水けをきる。みじん切りにし、手でギュッと水けを絞る。にらは、幅5㎜に切る。しょうが、にんにくはみじん切りにする。

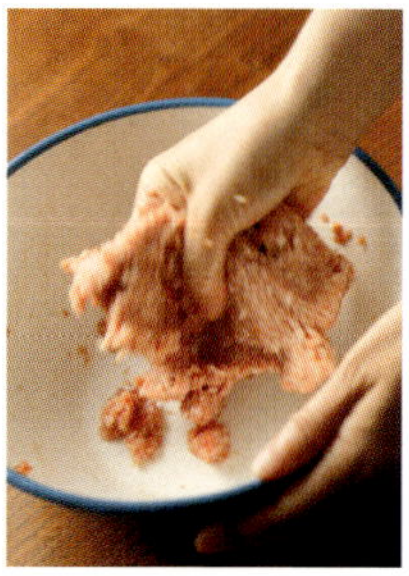

2 ひき肉を練る

ボウルに、豚ひき肉、しょうが、にんにく、Aを加え、粘りが出るまで手で練り混ぜる。

3 具を混ぜる

水けを絞ったキャベツ、にらを加え、さらによく混ぜて、餃子のあんを作る。

★POINT
はじめはつかむようにしてもみ込み、全体に混ぜていくとよい。

アレンジメニューにGO▸▸▸ 焼く前の餃子を冷凍保存し、P.106、107のアレンジメニューに使っても。保存方法は、冷凍用保存コンテナに入れて冷凍室で保存。1カ月を目安に使う。

4 餃子を包む

a 餃子の皮に具をのせる
餃子のあんを20等分する。餃子の皮の縁に指先で水を塗り、中央にディナーナイフなどであんをのせる。

b ひだを寄せて包む
皮を半分に折り、手前の皮の端からひだを作って貼り合わせ、しっかりと押さえて形を整える。残りも同様に作る。

5 餃子を焼く

a 焼き色をつける
2回に分けて焼く。フライパンに、サラダ油の半分を塗って餃子を並べ、中火にかけて焼く。底にこんがりと焼き色がつくまで2分ほど焼く。

b 水を注いで蒸し焼きにする
水½カップを回し入れ、すぐにふたをして5～6分蒸し焼きにする。

c 水けを飛ばして焼く
ふたを取り、強火にして水けがなくなるまで焼いて火を止める。器に盛り、ラー油、しょうゆ、酢をつけて食べる。フライパンごとテーブルに出せば豪快！

焼き餃子

ひき肉を手で混ぜて、皮で包んで……。
こんな工程が、意外と楽しい餃子作り。
包み方が違ったって大丈夫。焼き色をつけてから、
水を注いで蒸し焼きにすると、ふっくらと仕上がる

餃子
＊アレンジメニュー

スープ餃子

焼き餃子とは違う、つるんとした皮の食感が味わえ、おいしさのレパートリーが広がる！

材料（2人分）

- 餃子…10個
- にんにく…$\frac{1}{2}$かけ
- 玉ねぎ…$\frac{1}{4}$個
- トマト…1個
- サニーレタス…1枚
- サラダ油…大さじ1
- A［鶏ガラスープの素…小さじ$\frac{1}{2}$／ナンプラー…大さじ$1\frac{1}{2}$］
- レモン…2切れ

＊餃子は、P.104（作り方**1**～**4**）のものを使用。冷凍した餃子は、解凍せずに凍ったまま使う。

作り方

1 にんにくチップを作る

にんにくは、横に薄切りにする。フライパンにサラダ油を中火で熱し、にんにくを入れて薄く色づくまで炒める。

2 野菜を切る

玉ねぎは縦に薄切り、トマトはへたを取って一口大のくし形切りにする。サニーレタスは適当にちぎり、それぞれの野菜を器に分け入れておく。

3 餃子を煮る

鍋に湯2カップ、Aを入れて中火で煮立て、餃子を加えて再び煮立ってから6～7分煮る。冷凍した餃子の場合は、凍ったまま加えて再び煮立ってから9～10分煮る。

4 仕上げる

餃子を、熱々の汁ごと**2**の器に盛る。**1**のにんにくチップを散らし、レモンを添える。

★POINT

煮立ったスープに、餃子がくっつかないように1つずつ落とし入れる。

野菜を入れた器に、熱々の餃子を汁ごと入れてでき上がり。

材料（2人分）

餃子…10個
レタス…適量
サラダ油（揚げ油）…適量
マヨネーズ…大さじ2
カレー粉…少々

＊餃子は、P104（作り方1～4）のものを使用。冷凍した餃子は、解凍せずに凍ったまま使う。

作り方

1 餃子を揚げる

サラダ油をフライパンの底から1cmほど入れ、中火で熱する。高温（180℃）にして（P.4参照）、餃子を入れて4～5分揚げる。きつね色に揚がったら、取り出して油をきる。冷凍した餃子の場合は、凍ったまま中温（170℃）の揚げ油（P.4参照）に入れ、6～7分ほど揚げて油をきる。

2 カレーマヨを作る

ボウルに、マヨネーズ、カレー粉を入れてよく混ぜる。

3 仕上げる

器に、適当にちぎったレタスを添えて揚げ餃子を盛り、カレーマヨを添える。

揚げ餃子&カレーマヨ

餃子 ＊アレンジメニュー

じっくりと油で揚げた香ばしい餃子。
味のアクセントに、カレー風味のマヨネーズをつけて

★POINT

少ない油の中で、餃子を転がしながら、こんがりと揚げる。

カレー粉がなじむまでよく混ぜる。

八宝菜

材料（２人分）

豚バラ薄切り肉…50g
むきえび…50g
白菜…⅛株
ゆでたけのこ…小½個
生しいたけ…２枚
にんじん…２㎝
ねぎ…½本
きぬさや…20g
塩、こしょう…各少々
サラダ油…大さじ１
A ┌鶏ガラスープの素…小さじ½
　 │塩…小さじ⅓
　 └こしょう…少々
片栗粉…大さじ１
ごま油…大さじ１

作り方

1 豚肉を切り、えびを洗う

豚肉は長さ３㎝に切り、塩、こしょうで下味をつける。むきえびをざるに入れて洗い、キッチンペーパーで水けを拭く。ボウルにA、水½カップを入れて混ぜ、スープを作る。

2 白菜を切る

白菜は１枚ずつはがし、縦半分に切ってから長さ３㎝のそぎ切りにする（P.147 参照）。

3 たけのこを切る

たけのこは、長さを半分に切って縦に薄切りにする。鍋に少量の湯を沸かし、サッと下ゆでして水けをきる。

4 他の野菜を切る

しいたけは石づきを取って（P.145 参照）、薄切りにする。にんじんは薄い半月切りにする（P.146 参照）。ねぎは幅１㎝で斜めに切り、きぬさやはへたと筋を取る（P.144 参照）。

5 豚肉、えびを炒める

フライパンにサラダ油を中火で熱し、豚肉を入れて軽く炒めてから、えびを加えて炒める。

6 野菜を加える

えびの色が変わったら、きぬさや以外の野菜を加えて強火にし、大きく混ぜながら２〜３分炒める。**1**のスープ、きぬさやを加えて、強火のまま１分ほど炒める。

★POINT
野菜を加えたら、全体に油が回るように、大きく手早く混ぜる。

7 煮てとろみをつける

片栗粉を水大さじ１で溶いて回し入れ、混ぜてとろみをつける。

8 ごま油で風味をつける

火を弱め、ごま油を回しかけてひと混ぜし、風味をつけてでき上がり。

★POINT
ごま油は、最後に加えて香りを立たせる。

アレンジメニューにGO ▸▸▸▸▸▸
八宝菜は、½量を残して密閉容器に入れて冷蔵室で保存し、翌日にP.110、111のアレンジメニューに使っても。

八宝菜

見た目にも華やかな、中国の五目うま煮。
八宝菜の八は、「たくさんの」という意味がある。
大皿にドーンと盛れば、中国料理店風

春巻き

八宝菜
＊アレンジメニュー

八宝菜を作ったら、
その半分の量で春巻きを作ってもよし。
中の具はすでに火が通っているから、
春巻きの皮がきつね色に揚がればOK

材料（２人分）

八宝菜…½量
春巻きの皮…４枚
小麦粉…大さじ１
サラダ油（揚げ油）…適量
練りがらし、しょうゆ…各少々

＊八宝菜は、P.108（作り方**1**～**8**）のものを½量使用。

作り方

1 八宝菜はさます

八宝菜は、作りたてならさまし、前日作って冷蔵したものは、室温にもどしておく。小麦粉を水大さじ１で溶いて、のり（水溶き小麦粉）を作る。

2 春巻きの皮で八宝菜を包む

春巻きの皮を置き、中央に八宝菜の¼量をのせる。周囲の縁にのりを塗り、手前、左右の順で皮を折り、手前からしっかりと巻く。巻き終わりに、のりを塗って留める。

3 春巻きを揚げる

サラダ油をフライパンの底から１cmほど入れ、中火で熱する。高温（180℃）にして（P.４参照）、春巻きの巻き終わりを下にして入れる。上下を返しながら色づくまで３分ほど揚げて、油をきる。練りがらし、しょうゆをつけて食べる。

★POINT

八宝菜は横長になるようにのせ、細長く巻いていく。

こんがりときつね色に揚がったらOK。揚げ色を目安に取り出す。

八宝菜
＊アレンジメニュー

あんかけ焼きそば

八宝菜にスープをたしてとろみをつければ、
中国風のあんかけ焼きそばのあんに変身。
麺は、炒めるよりも焼きつけるのがコツ

材料（２人分）

八宝菜…½量
中華蒸し麺…２玉
サラダ油…大さじ２
A
- 鶏ガラスープの素…小さじ¼
- しょうゆ…大さじ 1½
- こしょう…少々

片栗粉…大さじ１
酢…大さじ２

＊八宝菜は、P.108（作り方 **1**～**8**）のものを½量使用。

作り方

1 麺を焼く

ボウルに、A、水１カップを入れて混ぜ、スープを作る。中華蒸し麺は、袋から出してほぐしておく。フライパンにサラダ油を中火で熱し、麺を広げて入れる。10分ほどそのまま焼き、焼き色がついたら裏返し、さらに２～３分こんがりと焼いて器に盛る。

2 スープを加えて煮る

あいたフライパンに八宝菜を入れ、スープを加えて中火にかけ、混ぜながら煮立てる。

3 仕上げる

片栗粉を水大さじ１で溶いて加え、混ぜてとろみをつける。火を止めて酢を加えて混ぜ、**1**の焼きそばにかける。

★POINT

スープを加えて汁けを増やし、あんをゆるめて火を通す。

仕上げに再び、水溶き片栗粉を加え、とろみをつけてまとめる。

弁当作りのツボ

経済的なランチタイムのために始めた弁当作り。ところが、その楽しさに目覚める男子が急増中。そこで、弁当作りのルールや詰め方を覚える、入門編！

気楽に作る弁当ルール

基本は、弁当箱にご飯とおかずを詰める、これで十分。
でも、おかずの組み合わせ方、市販品の利用方法を覚えれば、
グンと弁当作りがラクになる。

1 メインおかず１品、サブおかず２品が目安

メインおかずには、肉や魚のおかずを。サブおかずには、野菜やいも類で２品作り、この３品で腹持ちのよい充実の弁当が完成。朝作るのが大変なときは、前日に下ごしらえしたり、前日作ったいたみにくい煮物などを、再加熱して詰めても。

●メインおかず　鶏肉のから揚げ（作り方は P.50）
●サブおかず　ほうれん草のナムル（作り方は P.41）
里いもと桜えびのサラダ（作り方は P.43）

2 すき間には、煮豆など、市販品も利用しよう

おかずを詰めた弁当に、中途半端なすき間ができたり、物足りなく感じたりしたら、手軽に買える市販の煮豆や漬け物などを利用するのも手。おかず以外の、少量の甘みや塩けは、箸休めにもなる。

3 彩りがよくなれば、栄養のバランスも○

好きなおかずを作っていると、肉づくしの茶色っぽい弁当になることも。これでは、ふたを開けたときに少しさびしい。そんなときに便利なのが、プチトマトやゆでたブロッコリー。冷蔵庫に常備しておいて詰めれば、パッと彩りがよくなって栄養もアップ。

片寄らない詰め方のコツ

味が混ざったり、食べるときに端に寄っていたりすると、食欲も半減。詰めやすく、片寄らない詰め方をチェックして。

1 ご飯を詰める

ご飯は、さめるとかたまってくるので、熱いうちに詰めよう。蒸気がこもっていたみの原因にならないように、ふたをあけたままさましておく。

2 形のしっかりしたおかずから詰める

おかずは、なるべくさましてから詰める。メインおかず、または大きめのおかずから、端に寄せて詰めていこう。サブおかずが詰めやすくなる。

3 アルミカップを利用して詰める

おかずの汁けは、いたみの原因になるので、しっかりきって詰める。味が混ざってほしくない物、細かいおかずは、弁当用のアルミカップなどに入れて詰めるとよい。

ご飯に梅干をのせて、完成！

いたみをふせぐため、よくさましてからふたをして。

すぐにマネできる男子弁当

本書のレシピから、弁当に向くおかず（生もの、汁けの多いもの、匂いの強いものはNG）を作って詰めれば、彩り、栄養のバランスのとれた弁当になる。詰め方のアドバイスつき！

豚肉のしょうが焼き丼風弁当

●メインおかず　豚肉のしょうが焼き（作り方はP.48）
●サブおかず　ちくわの天ぷら（作り方はP.35）
ゆでたブロッコリー
（削り節としょうゆであえる）

詰め方アドバイス

しょうが焼きのように味の濃いおかずは、ご飯にのせてどんぶり風にしても。のっけ弁当は、詰めるのもラクで味がしみてうまい。彩り＆野菜としてゆでたブロッコリーを詰める。

焼きいかとしし唐のしょうがあえ弁当

●メインおかず　焼きいかとしし唐のしょうがあえ（作り方はP.38）
●サブおかず　卵焼き（作り方はP.30／大根おろしはつけない）
ゆでたにんじん（マヨネーズであえる）

詰め方アドバイス

卵焼きを詰め、あいたところに残りのおかずを。汁け、味の移りをふせぎたいおかずは、アルミカップやバラン（仕切り）を使って詰めるとよい。彩り＆野菜としてゆでたにんじんを詰める。

三角おにぎりの作り方

炊きたてのご飯で、おにぎりに挑戦してみよう。指の角度、塩のまぶし方など、ちょっとしたコツを覚えれば、三角形のおにぎりがラクに作れるようになる。

用意するもの
温かいご飯…適量
好みの具（梅干など）、
　のり…各適量
塩、水…各適量

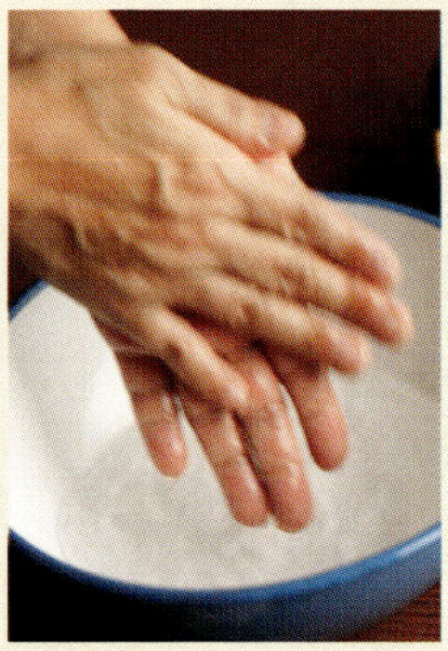

1 手をぬらす

手でにぎるおにぎりは清潔第一。手は、あらかじめよく洗っておく。にぎる前に、ボウルにためた水で手のひらをぬらす。

2 しゃもじでご飯をとる

しゃもじで、おにぎり1個分程度のご飯をすくい、手のひらにのせる。分量がわかりにくかったら、一度茶碗に盛ってから手に移してもよい。

3 具を入れる

軽く丸めてから、指先で中央をくぼませ、梅干など具を埋め込む。

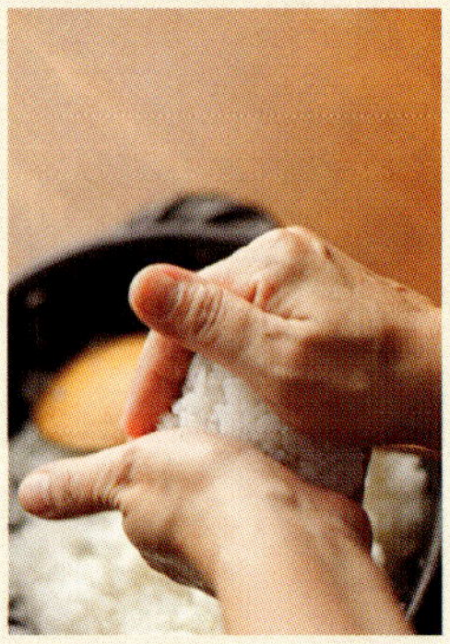

4 にぎる

ご飯をのせた手で厚みを調整し、反対の手は指のつけ根を曲げて角を作り、ご飯にかぶせるようにして添える。曲げた手で、ご飯に三角形の角を作るようににぎる。

5 角を変えながらにぎる

角を作った手で、ご飯を手前に回転させる。おにぎりの角の向きを変えながら、数回にぎって三角形に整えていく。

6 手に塩をつけてにぎる

厚みを調整していた手を開き、手前をあけて塩少々をのせて広げ、繰り返しにぎる。両面に塩がつくように、おにぎりの向きを変えてにぎる。最後にのりを巻く。

おにぎりに合う具

具の代表といえば、梅干し。その酸味が腐敗をふせぎ、ほどよい塩けがご飯に合う。ほかに、焼いた鮭やたらこ、つくだ煮などがお勧め。

梅干

鮭フレーク

焼きたらこ

昆布のつくだ煮

PART 5

仲間と週末のウチめし

人を呼んだときは、ちょっぴり奮発してもてなしたい。
気軽に食べられる鍋から、気取ってサーブしたいひと皿まで

MENU

- すき焼き
- プデチゲ
- 豚バラと白菜の重ね鍋
- かつおのたたき
- 白身魚のカルパッチョ
- 豚の角煮
- ブイヤベース
- ビーフシチュー
- モロッコ風 蒸し鶏と野菜
- 焼き肉の太巻きずし
- パエリア

すき焼き

材料（４人分）

牛薄切り肉（すき焼き用）…300g
白菜…¼株
春菊…１束
えのきたけ…100g
ねぎ…１本
生しいたけ…４枚
焼き豆腐…１丁（300g）
しらたき…１袋
卵…４個
サラダ油（または牛脂）…大さじ１
だし汁…２カップ
砂糖…大さじ４
しょうゆ…大さじ４

作り方

1 白菜を切る

白菜は、葉をはがして縦半分に切り、さらに食べやすく削ぎ切りにする（P.147 参照）。

2 春菊、えのき、ねぎを切る

春菊は、長さ半分のところで茎を折る。えのきたけは、根元を切り落としてほぐし、ねぎは幅1～2㎝で斜めに切る。

3 しいたけを切る

しいたけは石づきを取る（P.145 参照）。余裕があれば、かさに切り込みを入れて左右から薄く削り取り、交差させて星のような飾り切りにしてもよい。

★POINT
しいたけの飾り切りで、鍋が見映えよく華やかになる。

4 焼き豆腐を切る

焼き豆腐は、食べやすい大きさの角切りにする。

5 しらたきを下ゆでする

しらたきは水けをきり、キッチンばさみで食べやすい長さに切る。鍋に入れて水からゆで、ひと煮立ちしたらざるに上げて水けをきる。

6 割下を作る

小鍋にだし汁、砂糖、しょうゆを入れて中火にかけ、ひと煮立ちさせて火を止め、すき焼きの割下（煮汁）を作る。

7 鍋に具を並べて煮る

鍋（あれば鉄製のすき焼き鍋）にサラダ油（または牛脂）を中火で熱し、春菊を除いた野菜、しらたき各適量を並べる。中央に牛肉適量を入れ、割下適量を注いで煮る。火の通りやすい春菊は、最後に加えて火を通す。

8 卵をつけて食べる

器に卵を入れて溶き、具の煮えたところから卵につけて食べる。鍋中の様子を見ながら、具、割下を適宜たし、煮ながら食べる。

すき焼き

割下をかけて煮た、関東風のすき焼き。
肉、野菜を追加しながら、
煮えたところから食べていこう

プデチゲ

材料（4人分）

魚肉ソーセージ…2本
ランチョンミート（缶詰）…小1缶
玉ねぎ…1個
キャベツ…½個
もやし…1袋
白菜キムチ…100g
インスタントラーメン…1～2個
スライスチーズ…4枚
焼きのり…1枚
鶏ガラスープの素…大さじ½

作り方

1 ランチョンミートなどを切る

ソーセージは一口大で斜めに切り、ランチョンミートは食べやすく一口大に切る。

★POINT
ランチョンミートは、肉を刻んで香辛料を混ぜ、缶詰にして加熱殺菌したもの。沖縄料理でもよく使われる。

2 玉ねぎを切る

玉ねぎは、縦半分に切ってから、繊維に垂直に幅1㎝に切る。

3 キャベツを切る

キャベツは、固いしんを除いて葉を重ね、3～4cm四方に切る。もやしは洗い、余裕があれば根を摘み取る（P.144参照）。

4 キムチを切る

白菜キムチは、キッチンばさみで食べやすく切る。

5 鍋に野菜を入れてスープを注ぐ

鍋に玉ねぎを敷き、もやし、キャベツを重ねる。鶏ガラスープの素を湯3～4カップで溶かして注ぎ、ふたをして中火にかける。

6 インスタントラーメンをのせる

スープが煮立ってきたら、ソーセージ、ランチョンミートをのせ、インスタントラーメンを手で適当に割ってのせる。

7 キムチ、チーズをのせて煮る

白菜キムチを加えてしばらく煮、スライスチーズをのせる。焼きのりをちぎって散らし、ざっくりと混ぜて煮えたところから器に取って食べる。

プデチゲ

部隊チゲとも言われ、韓国の大衆的な鍋料理。
ソーセージやインスタントラーメンを辛いスープで煮込み、
熱々で刺激的。仲間と食べるにはぴったり！

豚バラと白菜の重ね鍋

材料（4人分）

- 豚バラ薄切り肉…400g
- 白菜…大¼株
- にんにく…1かけ
- わけぎ…2～3本
- 塩…小さじ½
- しょうがのすりおろし汁…大さじ1
- 酒…½カップ
- レモン…適量
- 粗びき黒こしょう…少々

作り方

1 豚肉に下味をつける

豚肉は、長さ5～6㎝に切る。塩、しょうがのすりおろし汁をふり、手でもんで下味をつける。

2 白菜を切る

白菜は、根元を斜めに切り落とし、葉をはがす。縦半分に切って、食べやすく削ぎ切りにする（P.147 参照）。

3 にんにくをつぶす

にんにくは縦半分に切って芽を取り、切り口を下にして置き、包丁の腹で押しつぶす。

★POINT
にんにくの繊維をつぶすと、いっそう香りがよく立つ。

4 わけぎを切る

わけぎは、薄く小口切りにする（P.146 参照）。

5 鍋に白菜、豚肉を重ねる

鍋ににんにくを入れ、白菜の⅓量を敷き、その上に豚肉の½量を広げる。繰り返して白菜、豚肉を重ね、最後に白菜を重ねる。

★POINT
白菜と豚肉が層になるように重ね、うまみを引き立て合う。

6 酒を加えて蒸し煮にする

酒を回し入れ、ふたをして中火にかける。

7 ふきこぼれないように煮る

煮立ってきたら弱火にして、ふきこぼれに気をつけながら10分ほど煮る。

8 レモンを搾って食べる

ふたを取って、わけぎを散らす。煮えたところから器に盛り、好みで塩少々（分量外）、黒こしょうをふり、レモンを搾って食べる。

豚バラと白菜の重ね鍋

相性のよい豚バラと白菜を重ねた鍋。
たっぷりの白菜でボリュームがあり、うまみも十分。
最後に、ご飯やゆで麺を投入しても

かつおのたたき

刺身用のかつおを見つけたら、
気軽にたたきを作ってみよう。
香味野菜や炒めたにんにくをのせて、
カジュアルな仕上がりに！

材料（４人分）

かつお（さく取りした刺身用）
　…１さく（約350g）
万能ねぎ…５本
みょうが…１個
にんにく…１かけ
かぼす…１個
サラダ油…大さじ1½
塩…小さじ⅓

作り方

1 野菜を切る

万能ねぎは小口切り、みょうがは縦半分に切ってから横に薄切りにする。みょうがは水に２分ほどさらし、キッチンペーパーに取って水けを拭く。

2 にんにくを香ばしく炒める

にんにくは、粗いみじん切りにする。フライパンにサラダ油を中火で熱し、にんにくを入れて薄いきつね色になるまで炒める。

3 かつおを焼いて氷水に取る

焼き網を強火で熱し、かつおをのせる。面を変えながら、色が変わるまで 10 秒ずつ焼いて取り出す。すぐに氷水につけてさまし、キッチンペーパーで水けを拭く。

4 かつおをたたく

バットなどにかつおをのせ、塩をまんべんなくふる。万能ねぎの½量をふり、かつおを両手で持ってたたきつけながらまぶす。

5 皿に盛る

かつおは、幅１㎝くらいに切って皿に並べる。残りの万能ねぎ、みょうがを散らし、にんにくを炒めた油ごとかけ、塩少々（分量外）をふる。食べる直前にかぼすを切って搾る。

★POINT

氷水でさましたら、しっかりと水けを拭こう。

かつおの向きを変え、全体をたたくようにする。

白身魚のカルパッチョ

薄切りにした魚や牛肉に、
粉チーズをたっぷりかけたイタリアの前菜。
ミニトマトやゆで卵を散らして、
華やかなもてなしモードのひと皿に！

材料（４人分）

白身魚（たい・さく取りした刺身用）
　…１さく（約180g）
ゆで卵（固ゆで）…１個（P.148参照）
ミニトマト…４～８個
クレソン…適量
塩、こしょう…各少々
粉チーズ…大さじ２～３
オリーブ油…少々

作り方

1 白身魚を薄く切る

白身魚の刺身は、包丁を寝かして幅５㎜くらいに、薄くそぎ切る。

2 皿に白身魚を並べる

白身魚は、切った端から皿に並べる。少しずつ重ねて、放射状に並べるとよい。並べ終わったら塩、こしょう、粉チーズをふる。

3 仕上げる

ゆで卵は小さめの一口大に切り、ミニトマトはへたを取って四つ割りにする。クレソンは葉を摘み、それぞれ白身魚の上に散らし、オリーブ油をかける。

★POINT

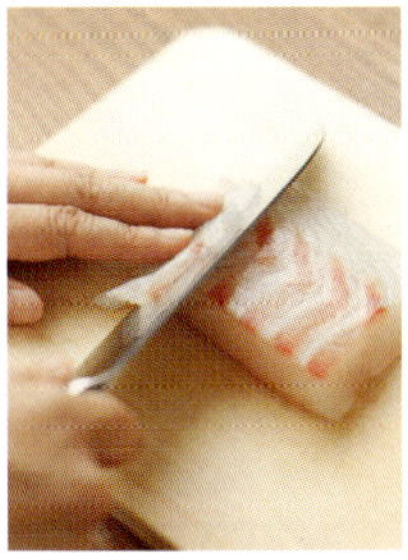

包丁の刃全体を使って、手前に引きながら切るようにする。

皿は、大きめで平たいものを用意するとよい。

豚の角煮

材料（4～6人分）

豚バラかたまり肉…2本(約700g)
ねぎの青い部分…1本分
しょうがの皮…少々
ねぎ…1本
ゆで卵(固めの半熟)
…4個(P.148参照)

A
- 八角…1個
- 赤唐辛子…1本
- にんにく…3かけ
- しょうがの薄切り…20g

B
- 砂糖…大さじ4
- しょうゆ…大さじ4
- 酒…½カップ

作り方

1 鍋に豚肉と水を入れる

鍋に豚肉、ねぎの青い部分、しょうがの皮を入れ、かぶるくらいの水を加えて強火にかける。

★POINT
鍋は、ふたのぴったりしまる厚手のものがお勧め。

2 落としぶたをして煮る

煮立ってきたら弱火にし、落としぶたをのせてふたをし、20分ゆでる。

3 豚肉を裏返す

豚肉の上下を返して、同様にして5～10分ゆでる。火を止め、そのまま一晩おいてさます。

4 豚肉の浮いた脂肪を取る

白っぽく固まって浮いた脂肪を、スプーンですくってていねいに取り除く。

5 豚肉を切る

豚肉を取り出し、厚さ2㎝くらいに切り分ける。ねぎの青い部分、しょうがの皮は捨て、ゆで汁はざるなどでこしておく。

6 調味料、ゆで汁を加えて煮る

鍋に、切った豚肉、A、Bを入れ、こしたゆで汁を加えて強火にかける。煮立ったら弱火にし、落としぶたをのせてふたをし、20分煮る。肉の上下を返して、同様にしてさらに20分煮る。

★POINT
星形の八角は、中国風の本格的な香りが出るスパイス。

7 ねぎを加えて煮る

ねぎを長さ4㎝に切る。すべてのふたを取ってねぎを加えてから、ふたをして弱火で10分煮る。

8 味つけ卵を作る

7の鍋から、煮汁適量を別の鍋に取り、少し煮詰めてゆで卵とともにポリ袋に入れ、味をなじませる。器に、温め直した豚の角煮などを盛り、ゆで卵を半分に切って添える。

豚の角煮

二日がかりで作る豚の角煮は、肉質がやわらかく絶品。
濃厚なしょうゆだれがからみ、思わずほおがゆるんでしまう。
ご飯にのせて、ガッツリ食べても美味

ブイヤベース

材料（４人分）

- 白身魚のあら（たいなど）…400g
- ムール貝…４～６個
- えび…４尾
- いか…小１ぱい
- 玉ねぎ…１個
- トマト…１個
- じゃがいも…２個
- にんにく…½かけ
- オリーブ油…大さじ２
- 白ワイン…¾カップ
- ローリエ…１枚
- サフランパウダー…小さじ⅓
- 塩…小さじ¼
- こしょう…少々
- A
  - マヨネーズ…大さじ４
  - カイエンペッパー※…少々
  - にんにくのすりおろし…½かけ分
- フランスパン（バゲット）の薄切り…適量

※唐辛子の赤い実を　干して粉末にした香辛料。

作り方

1 あらの下処理をする

鍋に湯を沸かし、魚のあらを入れてすぐに取り出し、ざるに上げる。水をかけてさっと洗い、水けをきる。

★POINT
あらは、身を取ったあとの頭、かま、中骨や、中途半端な身のこと。さっと熱湯に通すことで臭みが取れる。

2 ムール貝の下処理をする

ムール貝は、たわしで洗って汚れを落とす。貝から飛び出たひも状のものは、強く引っ張って引き抜く。

3 えび、いかの下処理をする

えびは背わたを取り（P.141参照）、足と一緒に腹側の薄い殻を取る。いかは、胴と足を離して処理し（P.140参照）、胴は幅１cmの輪切り、足は食べやすく切る。

4 野菜を切る

玉ねぎは、縦半分に切って縦に薄切りにする。トマトはへたを取ってざく切りにし、じゃがいもは皮をむいて２～３等分に切り、水に２分さらす。にんにくは薄切りにする。

5 鍋で玉ねぎを炒める

鍋にオリーブ油を中火で熱し、にんにく、玉ねぎを入れて炒める。

6 魚介を加えてワインを注ぐ

玉ねぎがしんなりしたら、魚のあら、ムール貝、えび、いかを加えて３～４回混ぜ、白ワイン½カップを注ぐ。

★POINT
白ワインは魚介との相性がよく、うまみを引き出す。

7 調味料を加える

水３カップ、ローリエ、塩、こしょうを加える。サフランパウダーを白ワイン¼カップで溶かして加え、強火で煮立てたら火を弱め、アクを取る。

8 野菜を加えて煮る

弱火にして５分ほど煮、水けをきったじゃがいも、トマトを加えてふたをし、15分ほど煮る。器に盛り、混ぜた**A**を、トーストしたパンに塗り、スープに浮かせて食べる。

鍋の様子をみて、汁けがたりなければ湯適量をたし、塩、こしょう各少々で味を調える。

ブイヤベース

フランス地中海地方の海鮮スープで、
世界三大スープのひとつとも。
魚のあらは外せないが、その他の魚介は、
無理せずに手に入るものでOK。
魚のうまみの出た極上の味を楽しもう

ビーフシチュー

材料（４人分）

- 牛角切り肉（シチュー用）…300g
- 玉ねぎ…１個
- じゃがいも…３個
- 大根…¼本
- にんじん…１本
- 塩…小さじ½
- こしょう…少々
- 赤ワイン…１カップ
- ローリエ…１枚
- タイム（あれば）…少々
- 小麦粉…少々
- サラダ油…大さじ1½
- デミグラスソース（缶詰）…１缶（290g）
- 生クリーム…½カップ

作り方

1 牛肉に下味をつける

牛肉に、塩、こしょうをまぶしてポリ袋に入れる。赤ワイン、ローリエ、タイムを加えて口を縛り、冷蔵室で２時間から一晩おく。

★POINT
時間をかけて、赤ワインやハーブのうまみをしみ込ませる。

2 玉ねぎ、じゃがいもを切る

玉ねぎは、８等分のくし形に切る（P.147 参照）。じゃがいもは皮をむいて４等分に切り、水に２分さらす。

3 大根、にんじんを切る

大根は皮をむき、縦に四つ割りにしてから、一口大の乱切りにする（P.147 参照）。にんじんも同様の乱切りにする。

4 牛肉の汁けを拭く

牛肉をポリ袋から取り出し、キッチンペーパーで汁けを拭く。残った漬け汁は、別の容器に入れてとっておく。

5 牛肉を焼く

牛肉に、小麦粉を薄くまぶしつける。フライパンにサラダ油を中火で熱し、牛肉を入れて表面を１～２分焼く。

★POINT
小麦粉をつけて表面を焼き、うまみを逃さないように閉じ込める。

6 漬け汁を加えて煮る

4 で、とっておいた牛肉の漬け汁を加える。煮立ってきたら、厚手の鍋に移す。

7 鍋に入れて煮る

6 の鍋に、玉ねぎ、大根、にんじん、水３カップを加え、塩少々（分量外）、こしょうをふって強火で煮立てる。火を弱めてアクを取り、ふたをして弱火で 30 分煮る。

8 仕上げる

デミグラスソース、水けをきったじゃがいもを加えてひと混ぜし、ふたをしてさらに 15 分煮る。仕上げに生クリームを加えてひと混ぜする。

ビーフシチュー

煮込み料理は、時間がエッセンス。
弱火で煮込めば、煮くずれなく仕上がり、
深みのあるおいしさが広がる

モロッコ風 蒸し鶏と野菜

材料（４人分）

鶏もも肉…２枚（500g）
玉ねぎ…２個
じゃがいも…３個
なす…４本
黒オリーブの実（油漬け）…８～12 粒
A
- 塩…小さじ１
- クミンシード、こしょう…各少々
- にんにくのすりおろし…１かけ分
- しょうがのすりおろし…大さじ１

オリーブ油…大さじ４
ローリエ…１枚
シナモンスティック…１本
赤唐辛子の輪切り…少々
レモンの輪切り…½個分
パセリのみじん切り…適量

作り方

1 鶏肉を切る

鶏肉は、４等分に切る。

2 鶏肉に下味をつける

ボウルに鶏肉を入れ、Aを加えて手でもみ、下味をつける。

★POINT
クミンは、南アジアや中東の料理に欠かせないスパイス。インドカレーには必須で、奥の深い味になる。

3 玉ねぎを切る

玉ねぎは縦半分に切り、繊維にそって幅１㎝に切る。

4 じゃがいもを切る

じゃがいもは、皮をむいて半分に切り、幅 1.5㎝ほどの半月切りにする（P.146 参照）。

5 なすを切る

なすは、ガクの部分を切り取り（P.143参照）、縦半分に切る。

6 鍋で鶏肉を焼く

鍋（あれば土鍋）に、オリーブ油大さじ１を入れて中火で熱し、鶏肉を皮のほうから入れて３～４分焼きつける。焼き色がついてきたら、裏返していったん火を止める。

7 ふたをして中火にかける

鶏肉の上に、玉ねぎ、じゃがいも、なすの順に重ねてのせる。黒オリーブの実を散らし、オリーブ油大さじ３をかける。水１カップ、ローリエ、シナモンスティック、赤唐辛子の輪切り、皮をむいたレモンの輪切りをのせ、ふたをして中火にかける。

8 弱火で蒸し煮にする

蒸気が立って煮立ってきたら、弱火にして 20 分ほど煮る。ざっと混ぜてふたをし、さらに 15 ～ 20 分蒸し煮にする。仕上げにパセリのみじん切りをふる。

モロッコ風 蒸し鶏と野菜

スパイスをきかせた、モロッコ風の蒸し料理。
あれば、円すい形のふたのついたタジン鍋で作ると、
その味わいや見た目に、エスニックな気分が盛り上がる

焼き肉の太巻きずし

材料（４本分）

米…３合
牛こま切れ肉…300g
きゅうり…１本
かに風味かまぼこ…10 本
カマンベールチーズ…100g
卵…２個
焼きのり（全形）…４枚

A
- 塩…小さじ１
- 酢…大さじ 4½
- 砂糖…大さじ３

B
- にんにくのすりおろし…½かけ分
- しょうゆ…大さじ２
- 砂糖…大さじ½
- 塩…少々

C
- 砂糖…小さじ１
- 塩…少々

ごま油…大さじ１

作り方

1 すし飯を作る

炊飯器で、米を炊く（P.84参照）。ボウルにご飯を取り出し、Aをよく混ぜて回しかけ、しゃもじでさっくりと混ぜてすし飯を作る。使うまで、固く絞ったぬれぶきんをかけておく。

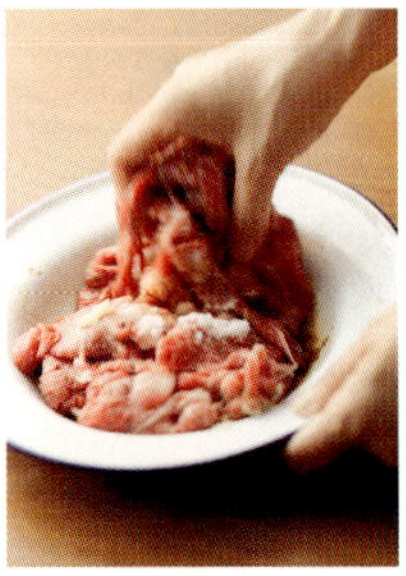

2 牛肉に下味をつける

1の米を炊く間に、具の準備をする。牛肉に、Bを加えて手でもみ込み、下味をつける。

3 きゅうり、チーズを切る

きゅうりは、四つ割りにする。カマンベールチーズは４等分にちぎる。

4 いり卵を作る

卵を溶きほぐし、Cを加えて混ぜる。フライパンに溶き卵を入れて弱火にかけ、菜箸で細かく混ぜながら火を通していり卵を作り、取り出してさます。

5 牛肉を焼く

フライパンを拭いてごま油を中火で熱し、牛肉を入れて炒める。色が変わったら、取り出してさます。

6 のりにすし飯を広げる

酢少々（分量外）を容器に用意する。巻きすの上に、光沢のある面を下にしてのりを置く。すし飯の¼量を軽く丸めてのせ、奥ののりを幅３㎝残して、酢をつけた指先で押し広げる。

★POINT
指先に酢をつけると、米粒がつかずに広げやすくなる。

7 すし飯に具をのせる

手前に、牛肉、いり卵の¼量を横長におき、チーズ１切れを適当にちぎってのせる。かに風味かまぼこ２本半を横に並べ、奥にきゅうり１切れを添える。両手で具を押さえながら、手前から巻きすを持ち上げて、ひと息に巻く。

★POINT
巻きすを、奥に押すようにして巻いていく。

8 しっかりと押さえる

巻きすでひと巻きしたら、上から押さえて形を整え、最後までのりを巻きつけて完成。残りも同様に作る。湿らせたふきんで包丁の刃を拭きながら、食べやすく切り分ける。

焼き肉の太巻きずし

切り口が華やかで、ぜいたく感のある太巻きずし。
巻く具を用意すれば、あとは工作気分で作れるのが魅力。
何回か繰り返すうちに巻くコツがつかめるようになる

パエリア

材料（4人分）

- 鶏手羽元…4本
- ウインナー…4～8本
- あさり（砂出ししたもの）…100g
- 玉ねぎ…½個
- さやいんげん…50g
- 赤ピーマン…1個
- ミニトマト…100g
- にんにく…1かけ
- ローリエ…1枚
- 米…2合
- オリーブ油…大さじ2
- 白ワイン…½カップ
- A
  - サフランパウダー…小さじ⅓
  - 白ワイン…大さじ2
- 固形スープの素（チキン）…1個
- 塩…小さじ½
- こしょう…少々
- パセリのみじん切り、レモン…各適量

作り方

1 ウインナーを切り、あさりを洗う

ウインナーは、数本切り込みを入れる。あさりは、殻をこすり合わせてよく洗い（P.141参照）、ざるに上げておく。

2 野菜を切る

玉ねぎは粗いみじん切り、さやいんげんはへたを取り、長さ3㎝に切る。赤ピーマンは、縦半分に切ってへたと種を取り、さらに縦半分に切って一口大の乱切りにする。ミニトマトはへたを取って4等分に切り、にんにくは粗いみじん切りにする。

3 にんにく、ローリエを炒める

フライパンに、オリーブ油、にんにく、ローリエを入れて弱火で炒めて、香りを出す。

4 具を加える

玉ねぎを加えて中火にし、しんなりするまで炒める。手羽元、さやいんげん、赤ピーマンを加えて炒め合わせる。

5 米を洗わずに加える

米を洗わずに加え、白ワイン、よく混ぜたAを加える。静かに混ぜながら、米が透き通ってくるまで炒める。

6 スープを加える

湯2カップに、固形スープの素を溶かして加え、塩、こしょうをふる。静かに混ぜながら火を通し、煮立ってきたら表面を平らにする。

7 ウインナー、あさりをのせる

上にミニトマトを散らし、ウインナー、あさりをバランスよくのせる。

8 落としぶたをして蒸し焼きにする

フライパンと同じサイズに切ったアルミホイルをのせ、落としぶたをする。さらにふたをして、弱火で20分ほど煮る。中火に戻して、ピチピチと底の焦げる音がしてきたら、火を止めて10分蒸らす。すべてのふたを取ってパセリのみじん切りを散らし、食べるときにレモンを搾る。

パエリア

スペイン料理としておなじみのパエリア。
手に入りやすい材料で、気軽に作ってみよう。
フライパンごと食卓へ出せば、サプライズメニューに！

さらに知りたい料理の基本

料理用語集つき

肉、魚介類、野菜の下ごしらえから、ベーシックな調理器具まで、知っておくと便利な料理のイロハを覚えよう

肉の下ごしらえ

魚の下ごしらえ

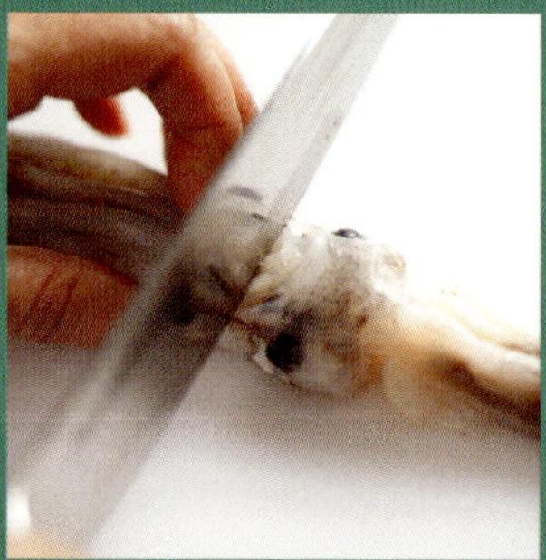
いか・えび・あさり・しじみの下ごしらえ

野菜の下ごしらえ

野菜の切り方

卵・豆腐・乾物の下ごしらえ

量る

調味料

調理道具

肉の下ごしらえ

**ほんのひと手間で、さらに肉をおいしく！
肉の種類と部位別にチェックしておこう。**

牛肉

● ステーキ肉

**塩、
こしょうをふる**

肉の臭みを取りうまみを引き出すため、焼く直前に、塩、こしょうをふる。

豚肉・牛肉

● 厚切り肉

筋を切る

肉の脂身と赤身のあいだにある筋を、包丁の刃先で数カ所切る。こうすることで、肉の焼き縮みや型くずれをふせぐ。

● 薄切り肉

細切りにする

肉の繊維に対して直角に細く切ると、やわらかい仕上がりになる。繊維にそって切ると、ちぎれにくく食感が増す。

一口大に切る

肉を重ねたまま、端から食べやすい長さにそろえて切る。

鶏肉

● 胸肉、もも肉

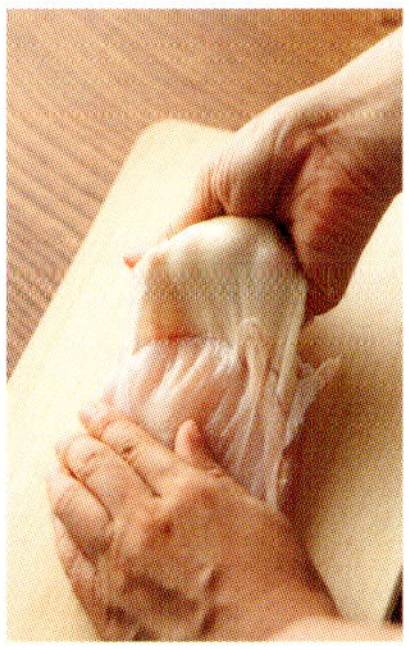

皮を取る

皮と身の間に指を入れて切り離し、皮をつかんで引っ張ってむき取る。

脂肪を取る

白っぽく見える大きな脂肪のかたまりは、あらかじめ切り落としておく。

筋を切る

もも肉は筋が多い部位。身の部分に、包丁で２～３㎝間隔で浅い切り目を入れて筋を切る。こうすると、焼き縮みをふせいで火の通りがよくなる。

一口大に切る

皮側を下にしてまな板におき、食べやすい大きさに切る。できるだけ同じくらいの大きさに切ると、調理をするとき火の通りが均一になる。

皮に切り込みを入れる

皮のほうから、包丁の刃先でところどころさし、切り込みを入れる。焼き縮みをふせぎ、味がしみ込みやすくなる。

厚みを均一にする

肉厚の部分は、切り込みを入れてから左右に切り開き、厚みをそろえると火が均一に通りやすくなる。

● ささ身

筋を取る

白っぽい筋の両側にそって、包丁の刃先で浅く切り込みを入れる。

肉を裏返して筋の端を持ち、強く引きながら包丁でこそぎ取る。

魚の下ごしらえ

自分で魚をおろせると、料理がますます楽しくなる。
まずは、簡単な手開きからスタートしよう！

手開きする

● いわしを手開きする

1 頭を落とす
いわしの背側から、キッチンばさみを斜めに入れて、頭を切り落とす。

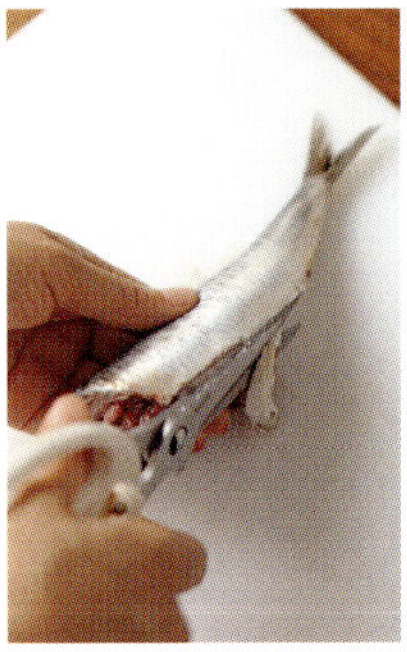

2 腹を切る
腹が上になるように持ち、頭を落とした切り口から肛門に向けて切り開く。

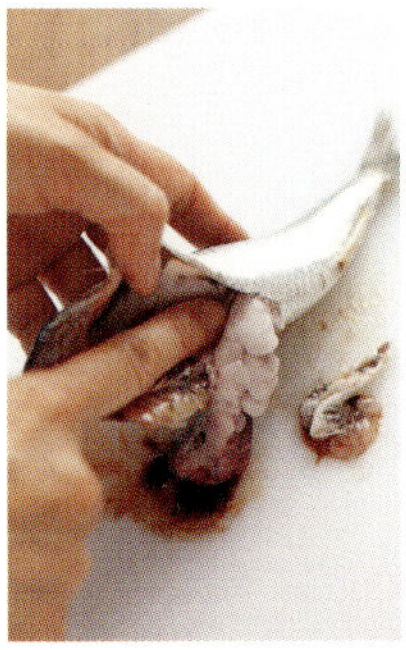

3 わたを出す
指先を差し込んで、腹の中をわた（内臓）をかき出す。

4 腹の中を洗う
腹の中をていねいに洗って、キッチンペーパーで水けを拭く。

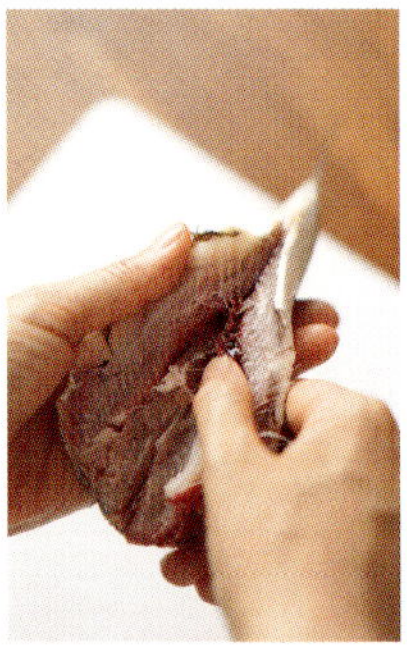

5 親指で開く
頭を落とした切り口のほうから尾に向かって、片方の親指で中骨の上をしごく。

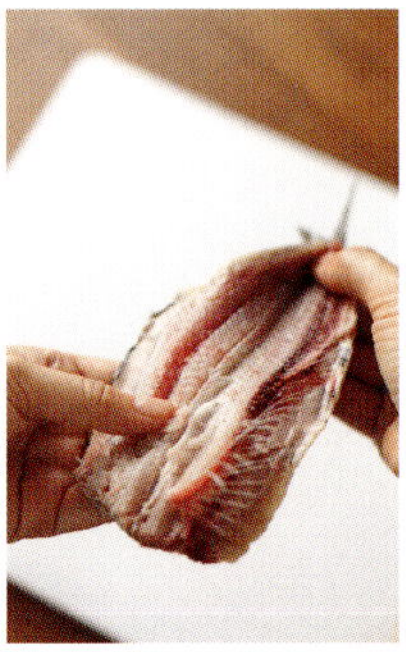

6 尾のつけ根まで開く
指でしごきながら、尾のつけ根までしっかり開く。

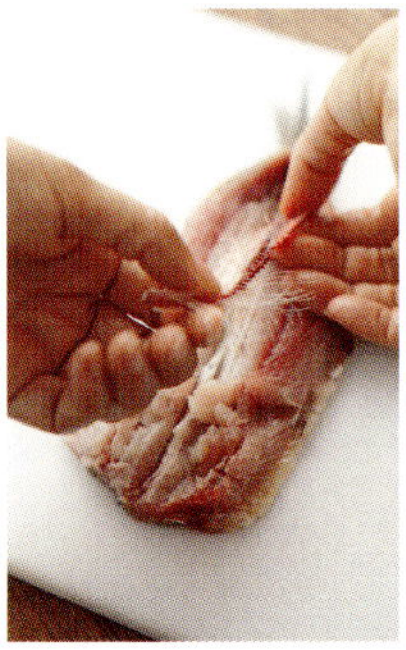

7 中骨を取る
中骨を指先でつまんで身からはがし、尾のつけ根のところを、キッチンばさみで切る。

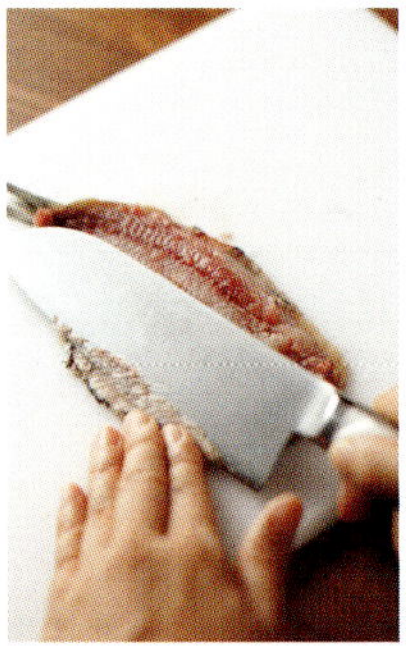

8 腹骨を取る
両側にある腹骨を、包丁を寝かせてそぎ取る。

でき上がり

いわしの手開きが完成。刺身にする場合は、頭のほうから皮をむくとよい。

一尾魚をおろす

● あじをおろす

1 ぜいごを取る
尾のつけ根にある固いうろこがぜいご。包丁を寝かせ、尾のつけ根から前後に小刻みに動かして削り取る。反対側も同様にする。

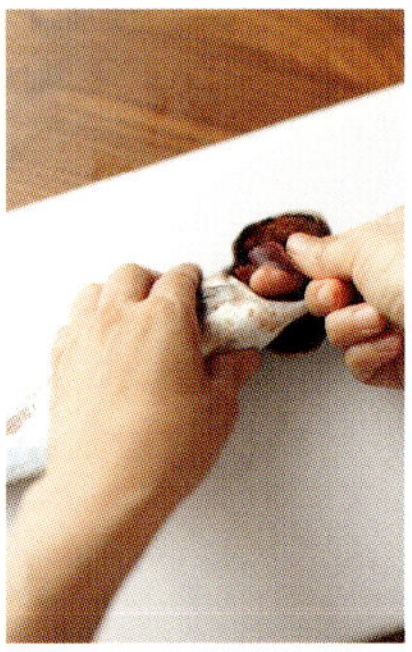

2 えらを取る
えらぶたをめくって指先を内側に差し込み、赤いえらを引っ張り出して取る。

3 わたを出す
腹に切り目を入れ、包丁の刃先でわた（内臓）をかき出す。胸びれの下から肛門あたりまで切るのが目安だが、魚のサイズで調整する。

※塩焼きをするときは、盛りつけたときに切り目が見えないように、頭を右、腹を手前に置いて、切り目を入れる。

4 飾り包丁を入れる
腹の中を洗い、キッチンペーパーで水けを拭く。火の通りをよくし、味をしみ込みやすくするため、腹の皮に浅く切り目を入れる。

三枚におろす

● あじを三枚におろす

1 頭を落とす

ぜいごを取る（P.138参照）。最後に皮をむく場合は、ぜいごを取らなくてよい。胸びれのつけ根の後ろに包丁を入れて、頭を切り落とす。

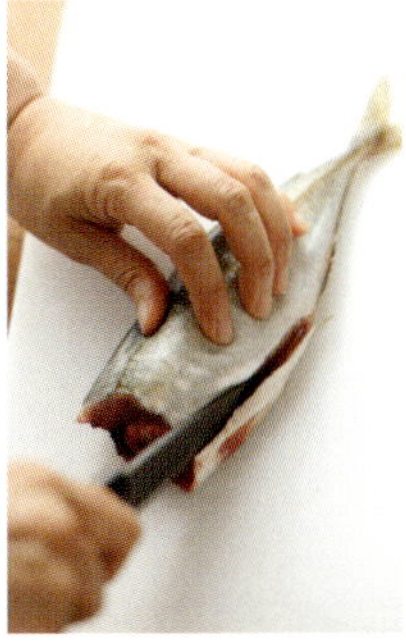

2 腹を切って わたを出す

頭を落とした切り口から肛門まで腹を切り、包丁の刃先でわた（内臓）をかき出す。

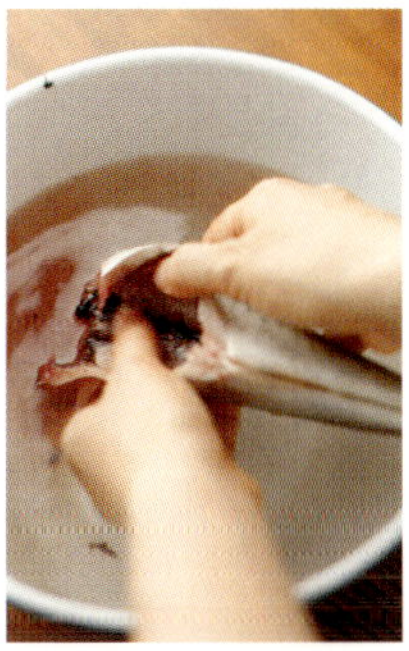

3 腹の中を よく洗う

特に、中骨のあたりにある赤黒い血合いは、臭みの元になるのでしっかり取り除き、キッチンペーパーで水けを拭く。

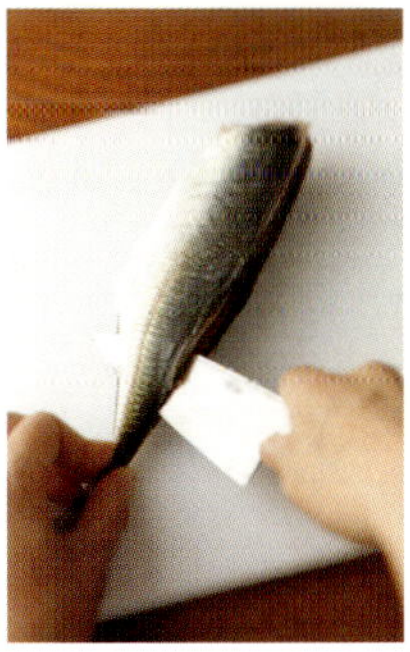

4 背に切り込み を入れる

背を手前に置き、中骨の上に包丁を入れて、中骨の上をすべらせるようにして尾の少し手前まで切り下げ、切り込みを入れる。

5 上身を切る

片手で尾のつけ根を押さえ、包丁の刃を奥に向けて**4**の切れ込みに深く入れる。包丁を寝かせたまま、中骨の上をすべらせるようにして上身を切る。

6 上身を 切り離す

尾のつけ根の部分で上身がまだつながっているので、ここに包丁を入れて切り離す。

7 もう片方の 身をおろす

身を裏返し、尾の少し手前から包丁を入れ、中骨にそってすべらせるように身を切って離す。

8 腹骨を そぎ取る

身に残った腹骨を左におき、包丁を斜めに寝かせて入れ、そぎ切る。同様に反対側も切る。

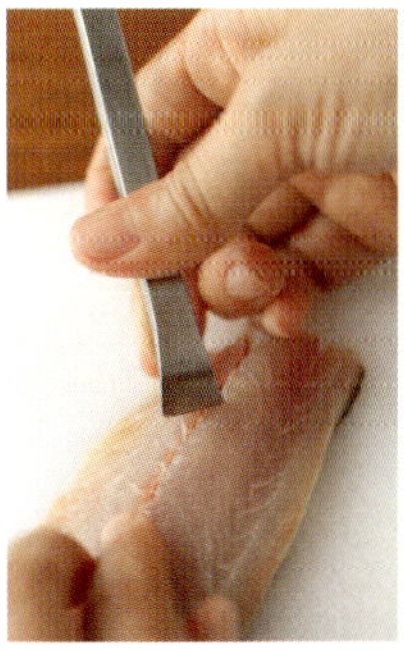

9 小骨を抜く

身の中心にある小骨を指先で探りながら、骨抜き（なければ毛抜き）で抜く。

● 刺身にする場合

皮をむく

刺身やたたき、マリネなどにするときは、皮をむく。頭側から皮をめくり、身を押さえながら一気に引いて取る。

でき上がり

皮をむいた三枚おろしの完成。2枚の身と中骨、この三枚に分かれている。

いか・えび・あさり・しじみの下ごしらえ

いか

● 胴と足を離し処理をする

1 胴から足のつけ根をはずす
胴の中に指を入れ、胴と足のついているところをはずす。

2 わたを引き抜く
足のつけ根をしっかり持って、わたを引き抜く。わたの袋を破らないように注意する。

3 軟骨を取る
細く透明な軟骨を引き抜く。胴の中に指を入れ、残っている内臓もこそげ出す。

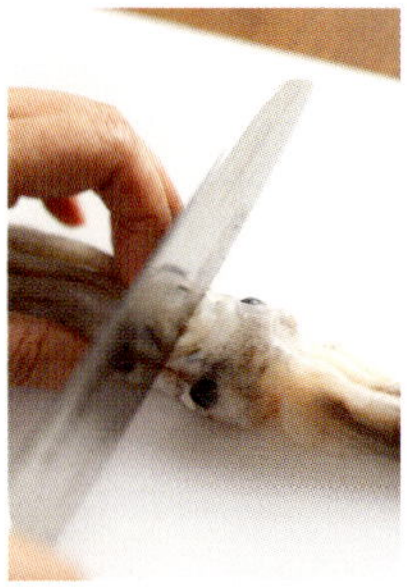

4 足とワタを切り離す
目の下に包丁を入れて、足とわたを切り離す。

5 くちばしを取る
足のつけ根にあるくちばしは、足のつけ根に切り込みを入れ、指で押し出して取る。

6 足の吸盤を取る
足は水の中に入れ、指先でしごくようにして吸盤を取り除く。水の中で行うと、吸盤が飛び散らない。

● 胴の皮をむく

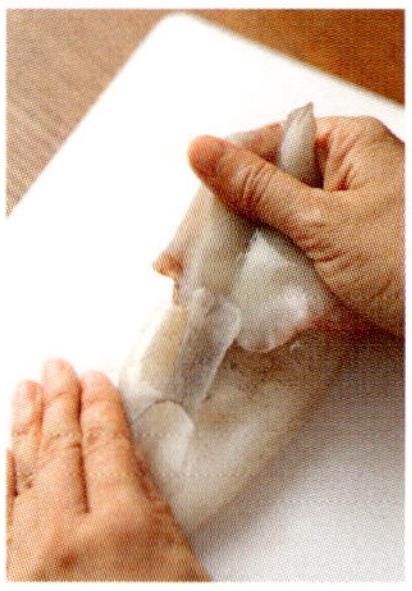

1 えんぺらを取る
えんぺら（三角形の部分）のつけ根をはがし、そのまま引いてえんぺらをはがして取る。

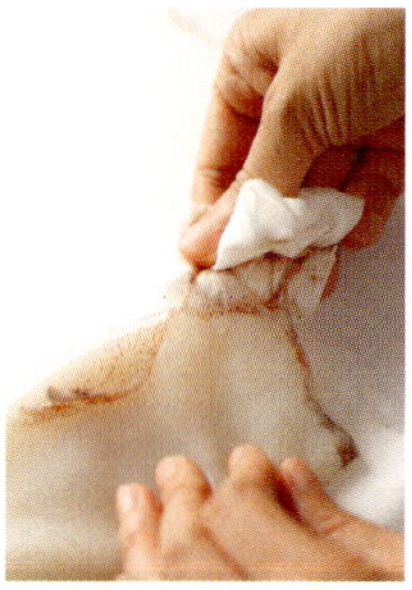

2 皮をむく
1 で皮のむけたところから、胴の皮をむく。キッチンペーパーで皮をはさんで持つと、滑らずにむきやすくなる。

● 切る

1 1枚に切り開く
1枚に開いて調理する場合は、胴の中に包丁の刃を外に向けて入れ、胴を切り開く。

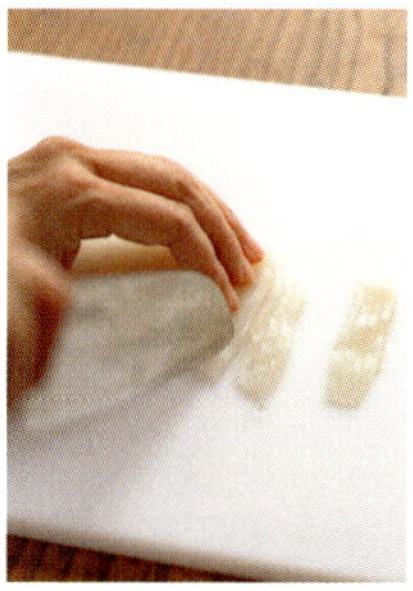

2 好みの大きさに切る
料理に合わせて切る。包丁の刃先を使って切るのがコツ。

独特のうまみで、どんな料理にも大活躍の食材。
面倒に感じる下ごしらえも、一度覚えてしまえば簡単。

えび

● 背わたを取る

竹串で取る
背を丸め、頭から2～3節の殻と殻の間に竹串をさし、黒っぽい筋（背わた）を引き抜く。天ぷらやフライなどに。背わたは、生臭さの原因となる。

切り開いて取る
殻をむき、背側から切り込みを入れ、包丁の刃先で背わたをかき出す。炒め物などに。

● 足を取る

足は、指でつかんでむしり取る。足だけを取る場合は、腹側にそってていねいにはがして取る。

● 殻をむく

足のほうから胴にそって、くるりと殻をむく。

● 尾の水を出す

油で揚げるときは、油ハネの原因になるので、尾の中の水を出す。先端をキッチンばさみで切り、指で中の水けをしごき出す。

● 腹側の筋を切る

腹側を上にし、幅1cmほどで斜めに数カ所切り込みを入れて、筋を切る。こうすると、加熱で身が縮むのをふせげる。

● むきえびは洗って水けを拭く

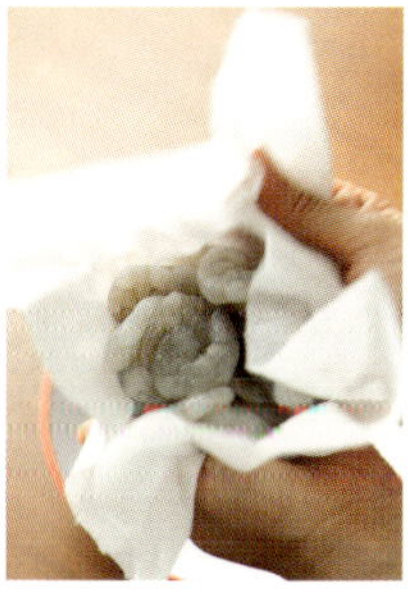

むきえびは、ボウルに入れた水の中で洗い、キッチンペーパーで水けを拭く。背わたのあるものは、背わたを取ってから水洗いする。

あさり・しじみ

● 砂や泥を出す

あさり

あさりは、海水程度の塩水（3%・水1カップに塩小さじ1の割合）に浸し（貝が半分つかる程度がベスト）、アルミホイルなどをかけて暗くし、3時間以上おく。はまぐりも同様にする。貝は、生息場所と同じ環境にすると砂や泥を吐く。

しじみ

しじみは、ひたひたの水に浸し、アルミホイルなどをかけて暗くし、3時間以上おく。

● 殻を洗う

十分に砂や泥を吐かせたら、水を入れたボウルの中で、貝同士をこすり合わせるようにして洗う。最後は流水ですすぐ。

野菜の下ごしらえ

野菜の特徴に合わせた、下ごしらえを
覚えておこう。料理の仕上がりが違ってくる。

青菜(ほうれん草、小松菜など)

● ゆでる

1 ていねいに洗う
根元のほうは、茎のあいだに泥が残っていることがあるので、きれいに水で洗い流す。

2 根元のほうからゆでる
沸騰した湯に、塩をひとつまみ入れる。青菜は束にしてつかみ、火の通りにくい根元のほうから入れる。

3 葉を沈めてゆでる
5～6秒後、菜箸で葉を沈めてゆでる。葉が鮮やかな緑色になり、根元をつまんでやわらかくなっていればゆで上がり。

4 水に取る
すぐに冷水に取ってさまし、変色を防いでアクを抜く。アクの強い青菜は、この作業がアク抜きになる。

5 絞る
根元をそろえて持ち上げながらまとめ、上から下へ両手で軽くにぎって水けを絞る。

● 切る

絞った青菜をまな板にのせ、根元を切り落とし、食べやすい長さに切る。

キャベツ

● しんを切り取る

しんは、厚みがあって固いので取る。しんにそって左右から包丁で切り取り、葉と分けて調理する。

レタス

● 冷水につける

外側から葉をはがし、10分ほど冷水につけてから水けをきると、シャキッとなる。炒め物にしてもおいしくなる。

ブロッコリー

● 小房に分ける

太い茎を切り分ける。房のついた茎のつけ根を切り、小さい房に分ける。太い茎は固い表面をむいて、食べやすく切る。

● ゆでる

塩少々を加えた熱湯に入れ、ゆでる。菜箸で全体を転がしながらゆで、鮮やかな緑色に変わったらOK。ゆで過ぎないように注意しよう。

●ざるに上げてさます

ブロッコリーは、早く湯がきれるように、ざるに上げてさます。アクもなく、水っぽくなるので、水に取る必要はない。

きゅうり

● 塩もみする

きゅうり１本を薄い輪切りにし、塩をひとつまみふる。しんなりしたら軽くもんで、塩を洗い流して水けを絞る。

ゴーヤ

● わたと種を取る

縦半分に切り、中のわたと種をスプーンでかき取る。

トマト

● へたを取る

トマトを切らずにへたを取るときは、包丁の刃先を使って、へたの周囲をぐるりとくりぬく。

● 皮を湯むきする

1 熱湯に入れる

鍋に沸かした湯に、へたを取った丸ごとのトマトを入れる。皮がめくれてきたらすぐに冷水に取る。

2 皮をむく

自然にめくれてきた皮を指先でつまんで、全体をむく。

ピーマン

● 種とへたを取る

縦半分に切り、手で種をこそぎ取りながら、同時にへたも取る。

かぼちゃ

● わたと種を取る

大きめのスプーンで、わたと種をえぐるように取る。

● 安定させて切る

かぼちゃを安定した状態に置き、包丁の入りやすい果肉のほうから切る。包丁の背に体重をかけて、押し切るとよい。

なす

● ガクを切り取る

へたを切り落とさず、ひらひらしたガクの部分のみ、くるりと切り落とす。丸ごと煮たり、焼いたりするときにはガクだけを切ることが多い。

● アクを抜く

なすはアクが強く色が変わりやすいので、切ったものから水にさらし、５～６分おいてアクを抜く。

グリーンアスパラガス

● 手で根元を折る

両手で根元を持ち、軽くしならせて自然に折る。折れた根元の部分は固く、調理には向かない。

● 根元に近い皮をピーラー（皮むき器）でむく

根元に近い部分が固い場合は、さらにピーラーで皮をむくとよい。

セロリ

● 筋を取る
葉のつけ根で、外側に軸を折って手前に引くと自然に筋が取れる。ほかに気になる筋があれば、ピーラー（皮むき器）でむき取るとよい。小口に切る場合は、筋が気にならないので取らなくても OK。

もやし

● 根を摘み取る
もやしの先端にある細い根（ひげ根ともいう）を、指先で折って摘み取る。面倒でも取ると、口当りがよく、臭みもなくなる。

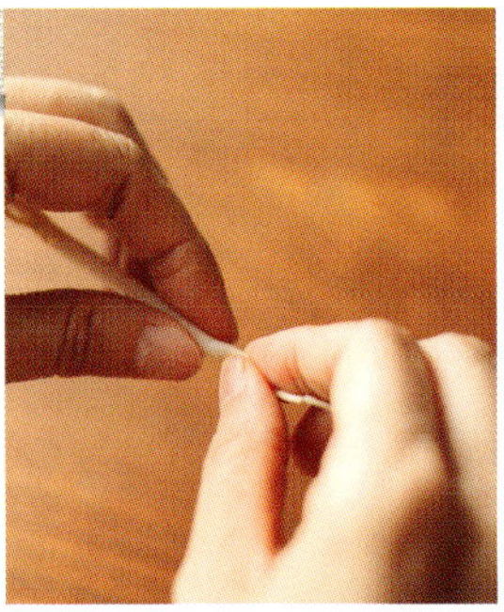

さやえんどう

● へたと筋を取る
へたを摘み取り、そのまま筋を引くようにして取る。

大根

● 皮をむく
幅5㎝ほどの輪切りにすると、包丁で皮がむきやすくなる。ピーラー（皮むき器）で使う分量だけ、縦に皮をむいてもよい。

● すりおろす
大根は、太い場合は縦半分に切る。安定させたおろし金やおろし器で、大根を上下や円に動かして、力強くすりおろす。

にんじん

● 皮をむく
にんじんを縦に持ち、ピーラー（皮むき器）を上から下に動かして、薄く皮をむく。包丁でむいてもよいが、ピーラーがラク。

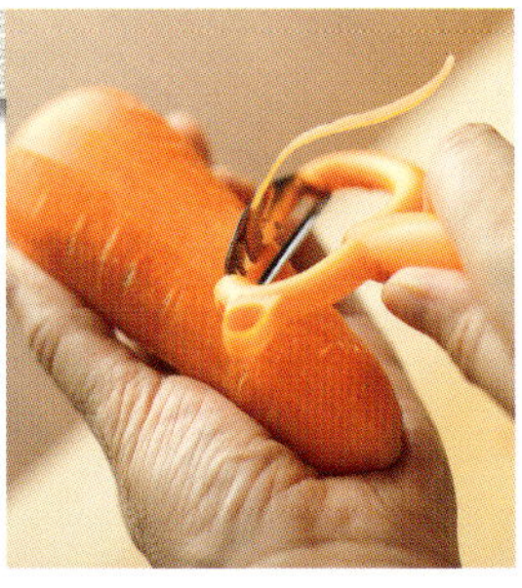

ごぼう

● 皮をこそげ取る
ごぼうは、皮に風味があるので、むかずに薄くこそぐ。まな板の上にごぼうを置き、包丁の背を当て、しごくようにして皮を薄くこそげ取る。

●水にさらす
アクが強く、空気に触れると切り口が変色するので、切ったものからすぐに水につけ、5~10分さらしてアクを抜く。

れんこん

● 酢水にさらす
切り口が空気に触れると黒ずむので、切ったものから酢水（水２カップ、酢大さじ１程度）に５~10 分さらすとアクが抜けて白っぽくなる。

じゃがいも

● 皮をむく
ピーラー（皮むき器）を使って皮をむく。包丁でむいてもよい。

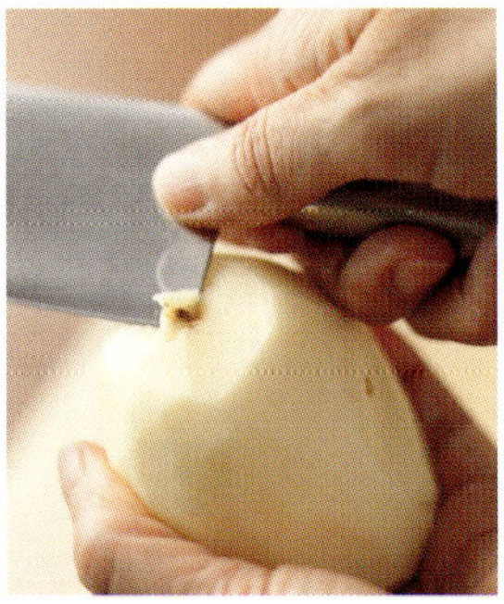

● 芽があれば取る
芽には、ソラニンという毒素が含まれている。加熱で消えるが、芽があれば包丁の刃元でえぐり取っておく。

● 水にさらす
切り口が空気に触れると変色するので、切ったものからすぐに水につけて洗い、水を替えて5~10分さらす。

里いも

● 皮をむく

1 洗って乾かす

水にしばらくつけてから、たわしで洗ってざるに上げ、半乾きにする。こうすると、皮をむきやすくなる。

2 上下を切ってむく

上下を少し切り落とし、上から下へむいていく。六面になるように角をつけて厚くむく方法を「六方むき」という。

● ぬめりを取る

水洗いする

炒め煮などに使う場合は、表面をサッと水洗いするだけでよい。

下ゆでする

煮物にする場合は、かぶるくらいの水を入れて強火にかけ、煮立ったらざるに上げて湯をきる。その後だし汁などで煮る。

● 電子レンジで加熱調理

分量が少ない場合は、電子レンジの加熱が便利。皮をむいてすぐに食べることもできる。

1 中まで加熱する

里いもの両端を切り落とし、中央にぐるりと1本切り込みを入れる。里いもをラップで包み、100g につき3分を目安に、電子レンジで加熱する。

2 皮をむく

ラップを取って粗熱を取る。切り込みを中心に左右の端を持ち、そのまま開くように引っ張ると、つるんと皮をむくことができる。

しいたけ

● 石づきを取る

汚れは洗わずに、キッチンペーパーで拭く。軸の先の固い石づきを包丁で切り落とす。

● 縦にさく

石づきを取った切り口に十文字の切り込みを入れ、手で縦にさく。さくと、より味がからみやすくなる。

しめじ

● 小房に分ける

しいたけと同様に、包丁で石づきを切り落とす。手で、食べやすい小房に分ける。料理によっては、すべてほぐすこともある。

えのきたけ

● ほぐす

根元を1～2㎝くらい包丁で切り落とし、手で食べやすい束にほぐす。料理によっては、さらに長さを等分に切ることもある。

野菜の切り方

切り方によって、火の通り方、味のしみ込み方、歯応え、見映えなどが変わってくる。おいしさにつながるので、しっかりチェックしよう。

輪切り

切り口が丸くなる材料に対して、垂直に包丁を入れて切る。同じ厚さで切ることで、火の通りや味のしみ込みが均一になる。

半月切り

切り口が丸くなる材料を縦半分に切り、切り口を下にして、垂直に包丁を入れて切る。その形から半月切りという。

いちょう切り

切り口が丸くなる材料を、縦に四つ割りしたものを端から切る。いちょうの葉のような形ができ上がる。

短冊切り

切り口が丸くなる材料を、長さ5㎝程度の輪切りにする。これを縦に幅1㎝に切り、端から縦に薄切りにする。

拍子木切り

長さをそろえ、やや厚みを持たせて縦に切り、さらにその厚みと同じ幅に切る。長方形の角型の仕上がり。

さいの目切り

1～2㎝の厚さに切り、それを横にして同じ厚さで切る。サイコロ状の形になる。

小口切り

ねぎやきゅうりなど細長いものを、端から垂直に切る。厚みは目的や材料に合わせる。

斜め切り

きゅうりやねぎなど、細長い材料を端から斜めに切る。厚みは目的や材料に合わせる。

せん切り

長さ4〜5㎝に切った薄い材料を端から細く切る。繊維にそって切るとシャキッと、繊維に直角に切るとやわらかくなる。

みじん切り

せん切りにしたものを、さらに端から細かく切る。

● ねぎ

ねぎの繊維にそって数本切り込みを入れ、端から垂直に細かく切る。

● 玉ねぎ

1 縦半分に切った玉ねぎは、切り口を下にし、下の端を少し残して、水平に数本切り込みを入れる。

2 切り込みを入れた側を手前に向け、繊維にそって細かく切り込みを入れる。

3 再び向きを変え、細かく切り込みを入れた側から、細かく切っていく。

ささがき

ごぼうなど丸くて細い材料を、鉛筆を削るような要領で、薄く小さくそぎ落とす。

乱切り

細長い材料を、手前に回しながら、斜めに包丁を入れて切る。

くし形切り

丸い材料を、縦半分に切る。これを、中心から放射状に均等に切る。

薄切り

端から厚みをそろえて薄く切る。炒め物、汁の具などによく用いられる。

そぎ切り

包丁を斜めに倒して、そぐように切る。厚みのある材料の火の通りがよくなる。

面取り

切り口の角を薄く削り取ること。煮くずれをふせぐことができる。

卵・豆腐・乾物などの下ごしらえ

卵や豆腐、大豆の加工品は、出番の多い食材。料理の腕を上げるためにも、下ごしらえの基本を覚えておこう。ストックできる乾物の扱いも知っておくと便利。

卵

● 殻を割る

平らなところに卵を打ちつけ、ひびを入れて殻を割る。

● 卵黄と卵白に分ける

殻を割ったあと、卵白だけを器に流し入れ、卵黄を殻に残して、卵黄と卵白に分ける。難しければ、割り落としたあとに、卵黄だけ手ですくい上げてもよい。

●溶きほぐす

オムレツや卵とじの場合

卵白と卵黄が混ざる程度にザッと混ぜる。

卵焼きの場合

菜箸で卵白を切るようにほぐし、菜箸の先を器の底につけて混ぜると、泡立たずによく混ざる。

●ゆでる

1 鍋に卵と水を入れる

卵は冷蔵庫から出して、室温にもどしておくとひび割れしにくい。鍋に卵を入れ、かぶるくらいの水を入れる。

2 塩を入れる

塩をひとつまみ入れ、強火にかける。

3 ゆでる

煮立つまで、菜箸で静かに卵を転がしながらゆでると、黄身が真ん中になる。沸騰したら中火にし、好みの固さになる時間までゆでる。

約3分→黄身はほどんど生
約5分→やわらかめの半熟
約8分→固めの半熟
約10分→固ゆで

4 水で冷やす

好みの固さにゆでたら、すぐに水に取って1分ほどさます。これで、殻がむきやすくなる。

豆腐

●水きりする

キッチンペーパーで包む

豆腐をキッチンペーパーで包み、10分以上おく。ほどよく水分を残して水をきることができる。

重しをのせる

キッチンペーパーで包んだ豆腐に、重しとして皿を2～3枚のせ、20分以上おく。しっかり水がきれるので、炒め物などに向く。

油揚げ

●油抜きする

熱湯で1～2分ゆで、ざるに上げる。ざるに入れて、熱湯を回しかける方法もある。油を抜くとしつこさがなく、味のしみ込みもよくなる。

こんにゃく

●臭みと水分を抜く

1 塩をまぶしてもむ

たっぷりの塩をこすりつけてもみ、塩を水で洗い流す。余計な水分が抜けて、歯応えがよくなる。

2 熱湯でゆでる

こんにゃくを食べやすく切り（またはちぎり）、熱湯に入れて1～2分ゆでてざるに上げ、湯をきる。これで、臭みと水分が抜けて、味がしみ込みやすくなる。

はるさめ

●はるさめをもどす

ぬるま湯に入れ、袋の表示時間通りつけてやわらかくする。水けをきって、食べやすい長さに切る。

乾燥わかめ

●水につけてもどす

わかめが開いてくるまで、水につけておく。もどったわかめは、ざるに上げ、軽く水けをきる。

塩蔵わかめ

●塩を洗って水につけてもどす

わかめを水の中でふり洗いし、塩を洗ってから、たっぷりの新しい水につけ、塩分を抜きながらやわらかくなるまでもどす。ざるに上げてサッと熱湯をかけて水けをきり、食べやすい大きさに切る。

干ししいたけ

●水につけてもどす

水で手早く洗い、浸るくらいの水に入れる。浮き上がらないよう表面をラップで覆うとよい。肉薄のものなら、20～40分が目安。干ししいたけのもどし汁は、よいだしになるので捨てずに利用する。

きくらげ

●水につけてもどす

たっぷりの水に、約10分つける。シワがのびるくらいがもどすの目安。もどったら、固い石づきを摘み取る。

乾燥ひじき

●水につけてもどす

ひじきは洗い、袋の表示時間に従って水につける。爪で切れるくらいのやわらかさになったら、ざるに上げて水けをきる。

量る

料理に慣れないうちは、
材料や調味料を分量通り量り、塩や甘さの加減を覚えていこう。

計量スプーン

塩や砂糖を量るときは、固まりのないものを軽くすくい取り、平らなへらなどですり切る。その後、中央に線を引いて半分除けば½量。同様にして⅓量、¼量と量ることができる。液体は、縁までいっぱいに入れて量る。

計量カップ

１カップは、200mlの計量カップを使う。目盛りがはっきりわかる、透明な耐熱性のカップが使いやすい。米を量るカップは180ml（１合）。

はかり

材料をのせて量る。初心者には、アナログよりデジタルのほうがお勧め。わかりやすく、正確に量ることができる。

手ばかり

手で加減を見ながら加える分量は、指先の感覚を使う。塩を入れるときによく登場する。

親指と人差し指の、指先でつまんだ量。

親指と人差し指と中指の３本の指先でつまんだ量。小さじ⅕程度の量。

野菜の分量でよく使う表現

青菜１株

根元がくっついているひとかたまりの分量。

青菜１束

株をいくつか集め、売り場で束ねられている分量。袋に入っているものもある。

しょうが１かけ

親指の先よりひと回り大きいくらいが目安。重さでいうと10gくらい。

にんにく１かけ

にんにくは、小さい鱗茎《りんけい》が放射状に並んでいる。その１つを１かけ、または１片という。

調味料

調味料には、料理に味をつけるだけでなく、
うまみを引き出したり、照りをつけたりする役目もある。

基本の調味料

塩

料理の味を決め、たんぱく質を固める、水分を抜くなどの働きがある。自然塩、精製塩がある。

砂糖

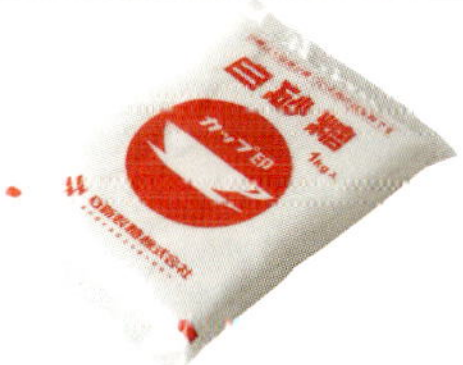

甘みを加え、つやを出す。黄褐色の三温糖は、こくのある甘みがあり、煮物などに向く。

しょうゆ

味を引き立て、風味をつける。肉や魚介類の臭みをやわらげる。使う目的によって種類も豊富。

酢

酸味と香りが特徴。塩けや油っぽさをやわらげる。米酢、穀物酢、果実酢などがある。

みそ

大豆を主原料にした発酵調味料。米や麦などの麹を混ぜて発酵させるなど、種類が豊富。

こしょう

辛みと風味が料理を引き立てる。上品な香りの白、辛みの強い黒こしょうがある。

うまみを出す調味料

酒

肉や魚介の臭みを除きながら、うまみや風味をつける。肉をやわらかくする働きもある。

みりん

もち米を蒸し、発酵させて造る調理用醸造酒。甘みとうまみ、こく、照りがつく。

ソース

野菜やくだもの、香辛料を煮込んだ調味料。ウスターソース、とんかつ用、中濃ソースなど。

マヨネーズ

卵黄、酢、植物油が原料。料理にかけるだけでなく、炒め物の油として使うことも。

トマトケチャップ

完熟のトマト、香辛料などを煮つめたスパイシーで甘みのある調味料。隠し味としても活躍。

油脂類

バター

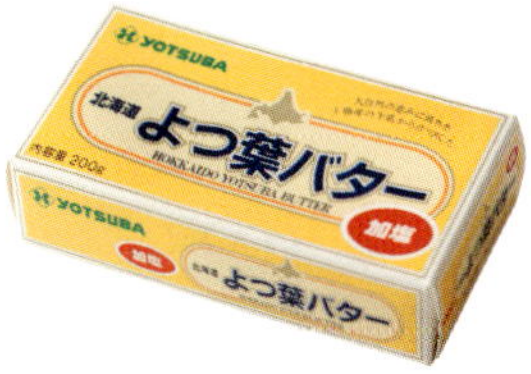

牛乳からとった脂肪分を加工したもの。豊かなこくと風味があり、加塩と無塩がある。

サラダ油

植物由来の油の総称。サラッとしてクセがないので、調味油、揚げ油と、どんな料理にも合う。

オリーブ油

オリーブの果肉をしぼった油。さわやかな香りと風味が特徴。サラダなど、生食にも向く。

ごま油

ごまの種子を煎って油をしぼったもの。ごま特有の強い香りが特徴。和食の香りづけにも。

スパイス系調味料

わさび

刺身など、和食に欠かせない香辛料。生わさびはすりおろして使う。手軽に使える練りわさびは、常備しておくのに便利。

からし

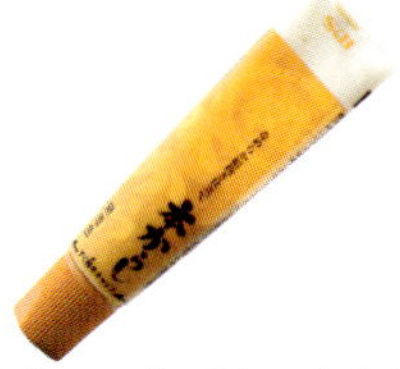

とんかつ、おでん、からしあえなどの和食や、中国料理にも合う香辛料。チューブ入りの練りがらしが使いやすい。

マスタード

洋がらしともいい、ほどよい辛みと酸味がある。ホットドックやサンドイッチにつけたり、ポトフなどに添えて。

カレー粉・カレールウ

多種類のスパイスを調合した香辛料。粉は手軽にカレー風味をつけたいときに便利。ルウはとろみがつく仕上がりになる。

豆板醤

中国料理の代表的な香辛料。そら豆で造ったみそに、赤唐辛子と香料を加えて熟成させたもの。辛みと酸味があり、こくを出す。

コチュジャン

韓国の唐辛子みそ。豆板醤ほどの辛みはなく、適度な甘みと酸味がある。炒め物から鍋の味つけまで幅広く活躍。

甜麺醤《テンメンジャン》

小麦粉を原料とした甘みそ。深い甘みが特徴。回鍋肉、なすのみそ炒め、ジャージャーめんなどに。

オイスターソース

生がきを原料にした調味料。かき独特の濃厚なうまみや風味がある。炒め物や煮込み料理に使うことが多い。

ラー油

唐辛子を主原料とした調味料。辛みをプラスしたいときに便利。にんにくなど具を加えた「食べるラー油」が大人気に。

液体調味料

めんつゆ

そばやうどんなどのつゆ。ストレートタイプと濃縮タイプがある。だし入りなので、和食の調味料として手軽に使えて便利。

ポン酢しょうゆ

ゆずやすだち、かぼすなどの柑橘酢としょうゆの合わせ調味料。あえ物、酢の物、鍋のたれなどに。

ごまだれ

ごまだれには、香ばしい風味と濃厚なこくがある。あえ物、サラダのドレッシング、しゃぶしゃぶや鍋のたれなどに。

粉類

小麦粉

小麦を原料とした粉。薄力粉と強力粉があるが、一般に小麦粉というと薄力粉のこと。湿気に弱いので開封後は早く使いきるようにする。

片栗粉

片栗という植物の根からとったでんぷんの粉。最近では、じゃがいものでんぷんが主原料のものが多い。とろみをつけるときや、ころもに使う。

パン粉

パンを粉にしたもの。生と乾燥の2種類ある。フライのころもやハンバーグのつなぎによく使われる。

調理道具

料理のできばえは、道具で決まるという人もいるほど大切なもの！　調理道具の種類、使い方を紹介。

包　丁

万能包丁

肉、魚、野菜のどれでも使えるように作られた、和包丁の進化形。まずは、この包丁があれば、ほとんどの料理には事欠かない。刃渡り20㎝くらいのものが使いやすい。

刃先
食材を細く切るとき、肉の筋を切ったり、魚のわたを引き出すときに使う。

腹
食材をつぶすときに使う。にんにくやしょうがは、腹を当てて上から押しつぶす。

背（ミネ）
背の先のほうでは魚のうろこを削り、中ほどではごぼうの皮をこそぐ。元のほうではしょうがの皮をこそぐなどに。

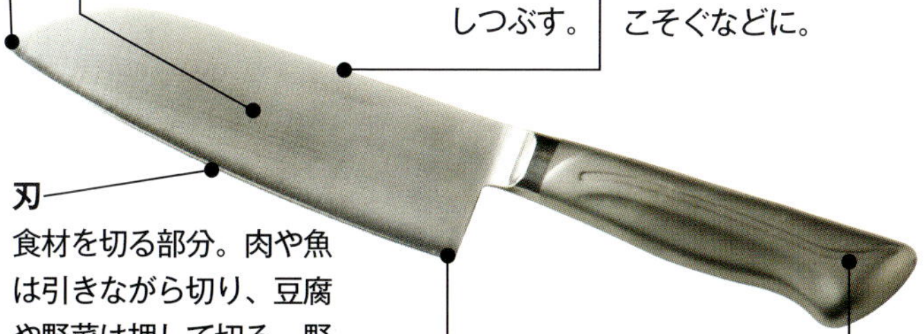

刃
食材を切る部分。肉や魚は引きながら切り、豆腐や野菜は押して切る。野菜やくだものの皮をむくのは、刃元に近いほうを使う。

刃元
食材の一部分をえぐり取るとき、じゃがいもの芽を取るときにもよく使う。

柄
手でにぎる部分。包丁は、にぎってみて自分の手にしっくりくるものを選ぶ。

ペティナイフ

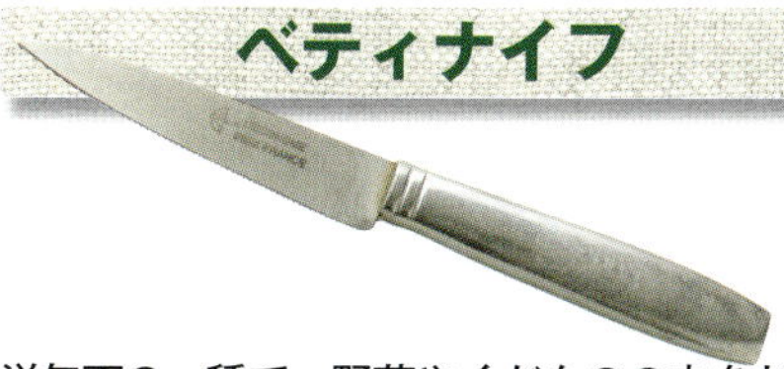

洋包丁の一種で、野菜やくだものの皮をむいたりするのに、使い勝手がいい。刃渡り12㎝程度のものが使いやすい。

出刃包丁

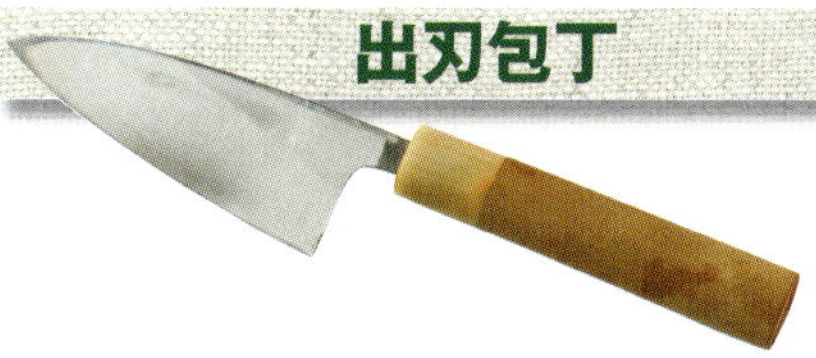

出刃包丁は和包丁のひとつ。もともと魚をさばくための包丁なので、骨を切るために重めになっている。買うなら、刃渡り約15㎝の小出刃を。

包丁の握り方

1　手のひらで柄を包むように持つ。根もとをしっかり握ると包丁が安定する。

2　指先を曲げて、上から食材を軽く押さえて切る。

包丁の手入れ法

1　刃の背側からスポンジではさみ、刃元から刃先へ向かって汚れを落とす。

2　柄もしっかり洗う。刃と柄の接合部分に雑菌がたまりやすいので、ここもしっかり洗う。

3　乾いたふきんで完全に水けを拭く。刃の背側からふきんではさみ、刃元から刃先に向かって拭く。

あると便利な切る道具

ピーラー（皮むき器）

手前に引くだけで皮がむける。簡単に薄くきれいにむくことができ、じゃがいもやにんじんなど、野菜の下ごしらえに便利。

スライサー（薄切り器）

野菜の薄切りが、均一に素早くできる。刃を替えればせん切り、みじん切りになる製品も。手間のかかる下ごしらえに便利。

キッチンばさみ

食材を切るために作られたはさみ。肉を切ったり、魚をさばいたりもできる。細かい切る作業がしやすい。

おろし器

上級者は刃が鋭い金属のおろし金を使うことが多いが、初心者は、安定感のある陶器の皿型（写真）がお勧め。

そろえたい調理道具

まな板

刃のあたりがよいのが木製。衛生面に優れているのがプラスチック。肉、魚用と野菜用の2枚を使い分けるのが理想。それでも雑菌が繁殖しやすいので、洗剤でよく洗い、水けをしっかり拭くように。

フライパン

初めて持つには、焦げつきにくいフッ素樹脂加工のものを。深めのフライパンなら、煮る調理もできる。直径は24～26㎝のものが便利。

ボウル

材料の下ごしらえなどに。熱、酸に強いステンレスやホーローなどが向く。大中小あると便利。

ざる

野菜の水きりや、ゆでた麺の湯をきるときなどに。さびにくいステンレス製がお勧め。だしをこすときは､持ち手付きが便利。

卵焼き用フライパン

卵焼き専用に作られた四角いフライパン。卵が厚く巻きやすく、形よく作ることができる。

菜箸

材料を混ぜたり、味をなじませたりするのに使う。軽くて丈夫な竹製がお勧め。

木べら・穴あき木べら

材料を炒めるときや混ぜるときに使う。木べらはフライパンにも材料にもやさしく、どんな料理にも対応できる。穴あきは、混ぜているときに材料がくっつきにくく、使い勝手がいい。

フライ返し

焼き物を、くずさないように裏返すへら状のもの。

トング

食材をはさんでつかむための道具。パスタを混ぜるとき、盛りつけ、肉を焼くときなど、菜箸の代わりにもなる。

※フッ素樹脂加工のフライパンの場合、表面をいためない専用のものを使うことがある。

片手鍋

持ち手がひとつの鍋。ざるにあけやすいので、野菜の下ゆで、ソース作り、汁物などに活躍する。

両手鍋

持ち手が2つの鍋。シチューなど長時間煮込む料理に使う。火のあたりのやわらかい厚手のものを選ぼう。

落としぶた

煮汁の少ない煮物をするとき、材料の上に直接のせる小さめのふた。落としぶたをすると、煮汁が均一に回って煮上がる。

土鍋

陶器製の鍋。火のあたりがやわらかく、保温性が高い。長時間煮込む料理に適している。

泡立て器

食材を混ぜたり、泡立てたりする道具。ワイヤーが丈夫で柄の持ちやすいしっかりしたものを。

網じゃくし

汁や油の中から、具だけすくい取る道具。汁をこしたり、アク取りにも使える。

玉じゃくし

汁物をすくい取る道具。ステンレスやシリコンなどがあり、サイズは大小あると便利。

せいろ

竹や木を編んで作られた蒸し料理用の器具。沸騰した湯の入った鍋などの上に置き、水蒸気を通すことで加熱調理する。大小さまざまなサイズがある。

そろえたい食器

ご飯茶碗、汁椀は必須。自分の食欲に合った大きさのものを選ぼう。他には、大きめの皿、深めの鉢、小鉢があればOK。これだけそろえれば、たいがいの料理が盛りつけられる。

あとかたづけを効率よく

スポンジや食器用中性洗剤を使って、油汚れの少ないもの、繊細な食器、小さなものから洗ってかたづけよう。鍋やフライパンは、温かいうちに洗うと、少ない洗剤でもすぐに汚れが落ちる。手際がよくなれば、調理の途中でササッと洗ってしまうのも手。また、米粒などの炭水化物や焦げつきの汚れは、落ちにくいもの。水につけてしばらくおくと落ちやすくなる。

料理用語集

レシピによく出てくる用語を、わかりやすく解説。
これで作り方も、らくらくクリア！

あ

あえる

複数の材料、または材料と調味料を、軽く混ぜ合わせること。豆腐を使ったものを白あえ、ごまをからめたものをごまあえという。

アク抜き

食材のえぐみ、渋み、クセを取り除くこと。水にさらす、さっとゆでるなどの方法がある。アク抜きをするおもな野菜は、ごぼう、じゃがいも、れんこん、ほうれん草など。

水にさらして、ごぼうのアクを抜く

アクを取る

煮たりゆでたりしているときに、浮いてくる泡のような不純物をすくい取ること。煮物、鍋物などでよく行う。

油を抜く

油で揚げている材料の表面の油を、適度に取り除くこと。ゆでる、熱湯をかけるなどの方法がある。油の臭みが抜け、味がしみ込みやすくなる。油揚げ、厚揚げ、さつま揚げなどによく行う。

ザッとゆでて油揚げの油を抜く

粗熱を取る

高温になった熱を取り、さますこと。湯気がおさまるくらいまでが目安。

合わせ調味料

調理に使う数種類の調味料を、あらかじめ混ぜ合わせておいたもの。調理が手早くなり、味も均一になる。

石づきを取る

石づきとは、きのこ類の根元の固い部分。これを、包丁で切り落とすこと。

板ずり

きゅうりをまな板にのせて塩をふり、押さえながらころがすこと。塩は水で洗い流す。きゅうりのいぼが取れて、色が鮮やかになる。

色どめ

材料の変色を防ぐこと。材料によって処理の仕方は異なる。たとえば、空気に触れて変色するりんごは塩水、れんこんは酢水につける。加熱によって変色しやすい青菜は、ゆでたあとすぐに冷水に取る。

ゆでたほうれん草を水に取って色どめをする

えぐみ

ほうれん草、山菜類などの野菜に含まれるアク。渋み、苦み、舌を刺激するような味を感じる。下ごしらえの段階で取る。

落としぶた

材料を煮るとき、材料に直接のせるふたのこと。煮汁がまんべんなく行きわたって味のムラがなくなり、煮くずれもふせぐことができる。鍋の直径よりひとまわり小さいサイズが基本。アルミホイルやクッキングシートで代用する場合もある。

おろす

魚の下処理をすること。二枚におろす、三枚におろすなどの方法がある。魚をさばくともいう。

か

飾り包丁

魚を横に置いたとき、その中央の表裏両面に、浅い切れ込みを入れること。斜めや十文字の形が一般的。魚を焼いたり煮たりしたとき、見た目も美しく、味のしみ込みをよくし、食べやすくするテクニック。

かぶるくらいの水

材料がちょうど隠れるくらいの水加減のこと。つかるより少し多め。里いもや卵をゆでるときは、この水加減で。

かぶるくらいの水で里いもをゆでる

切り身

魚をさばいたあと、身の部分を食べやすい大きさに切り分けたもの。一部の小型の魚を除くと、魚は切り身で売っていることが多い。

くりぬく

くるりと丸く切り取ること。トマトのヘタは包丁の刃先を使って、じゃがいもの芽は刃元を使って行う。

こす

煮汁やだし汁などをなめらかに仕上げるため、粗い粒や、不純物、残りかすを取り除くこと。調理によって、ざる、キッチンペーパーなどが使われる。

ざるにキッチンペーパーを重ねてだし汁をこす

こそげ取る

皮をむかずに包丁の背でこすり取ること。ごぼうなどによく用いられる。たわしを使う場合は「こそげる」とも。

さ

差し水

めん類をゆでるとき、沸騰して吹きこぼれる寸前に入れる水のこと。½カップ程度が目安。火を止めず、再沸騰するまでゆでる。

サッと煮る

短時間煮ること。一般的には１～２分が目安。

塩もみ

材料に少量の塩をふり、指先で混ぜながらなじませること。きゅうりや玉ねぎなどでよく行う。

きゅうりの塩もみ

下味をつける

炒めたり揚げたりする前に、材料に少量の調味料を加え、味をつけておくこと。材料の味を引き締めたいとき、または材料に味がしみ込みにくいときに行う。

豚肉にしょうがのすりおろし汁をかけて下味をつける

下ごしらえをする

調理前に行う準備のこと。材料を切る、アクを抜く、乾物をもどす、下味をつける、下ゆでをするなど。

もどすのに時間のかかる乾物は、早めにもどしておく

下煮

あらかじめ適度な味をつけて煮ておくこと。火の通りにくい材料や、味がしみ込みにくい材料のときに行う。

下ゆで

火が通りにくい材料や、アクの強い材料を、調理前にあらかじめゆでておくこと。

室温にもどす

冷蔵庫内に入れておいたものを、調理前にあらかじめ出しておき、常温にもどすこと。

すが立つ

卵や豆腐料理のでき上がりに、細かい穴があいてしまうこと。加熱時間が長過ぎたことによる失敗で、固くなったり、口当たりが悪くなる。

筋切り

肉の脂身と赤身の境にある筋を、包丁の先で数カ所切ること。筋切りをすることで、加熱しても縮みにくい、均一に火が通る、仕上がりがきれい、などの利点がある。

とんカツの豚肉は筋切りをする

酢水

ごぼう、れんこんなどのアクを取ったり、白く仕上げたいときに用いる酢入りの水。目安は、水２カップに酢大さじ１程度。

すりおろす

おろし器を使って、材料を元の形がなくなるほど細かくすること。代表的な材料は、大根、にんじん、りんごなど。

おろし器で、大根をすりおろす

ぜいご

あじの尾のつけ根にある固いうろこ。包丁を寝かせて薄くそぎ取る。

ぜいごを取る

た

たたく

材料の形状や繊維質をくずして香りやうまみを出すこと。きゅうりは、すりこぎなどでたたいて割れ目を入れる。にんにくやしょうがは、まな板の上に置き、包丁の腹を当てて押しながらつぶす。

たっぷりの水

鍋の中で、材料が泳ぐくらいの水の量のこと。パスタをゆでるときの水、またはお湯の量を表現するときによく使われる。

たね

料理の種類で、たねの意味は違う。一般的には、おでんの材料そのものを「たね」と呼ぶ。ハンバーグで「たね」というと、ひき肉などの材料を練り合わせたもの。餃子では、皮の中に包む具のことを「たね」または「あん」と呼ぶ。

ハンバーグのたね

適量

ほどよい分量のこと。塩適量など、好みで加減してもよい量で、正確な数字が出せない場合に使われる。

とじる

調理の最後に、溶き卵や水溶き片栗粉を加え、まとまりよく仕上げること。

親子丼は、具を卵でとじる

とろ火

弱火より弱い最小の火加減。長時間煮込む料理に使うことが多い。

とろみをつける

水で溶いた片栗粉を、煮立てたスープや煮汁に入れ、とろっとした濃度に仕上げること。料理によって濃度は加減する。

八宝菜にとろみをつける

な

鍋肌

鍋肌とは、鍋の内側の側面のこと。「調味料を鍋肌から回し入れる」というのは、鍋の縁から側面を伝わるように、ぐるりと一周しながら調味料を入れること。

煮汁を回しかける

煮ている途中で煮汁をすくい、材料の上から、まんべんなくかけること。均一に味を行きわたらせるための作業。

煮立つ

煮汁の表面が泡立つ程度に沸騰した状態をいう。煮立ったら、火加減を強火から中火、または弱火にすることが多い。

だし汁が煮立つ

煮詰める

煮汁が、ほとんどなくなるまで煮ること。焦がさないように注意する。

牛丼の煮汁を煮詰める

二度揚げ

材料を揚げるときに、一度揚げたものをしばらくおき、もう一度揚げること。鶏のから揚げなどはカラッと揚がり、魚などはこの方法で揚げると骨まで食べることができる。

煮含める

ゆっくり時間をかけて煮、材料の中までしっかり味をしみ込ませること。

ぬめりを取る

ぬるぬるした粘りを取り除くこと。たとえば、里いもの場合は、皮をむいたあとに、下ゆでするとぬめりが取れる。

は

ひたひたの水

材料をなるべく平らに入れ、材料の頭が水につかっていたり、いなかったりする程度に水を加えること。

ひと煮立ちさせる

煮汁を沸騰させること。または、沸騰したあと、少しだけ煮ること。

ぶつ切り

あまり形や大きさを気にせず、ぶつぶつと切ることから呼ばれる切り方。レシピでは、大きさが併記されることもある。

ほぐす

束になっているものを小分けにする、または、粒の集合体をばらばらにすること。しめじをほぐす、たらこの身をほぐすなど。

ま

水きりをする

余分な水分を、取り除くこと。たとえば、水にさらした野菜をざるに上げる、豆腐をキッチンペーパーで包んで重しをするなど。水けをきる、も同じような意味。

豆腐に重しをのせて水きりをする

水けを絞る

余分な水分を、手で絞って取り除くこと。たとえば、ゆでた青菜や、水につけてもどした乾物など。

ゆでたほうれん草の水けを絞る

水けを拭く

材料の余分な水分を取り除くこと。油がハネないように、揚げる前によく行う。または、水っぽくなることを避けるために行うこともある。薄手のふきんやキッチンペーパーを使って拭く。

水にさらす

切った野菜を水に入れて、しばらくおくこと。生野菜はパリッとする。ごぼうやれんこん、じゃがいもなど、アクのある野菜はアクが抜ける。

じゃがいもを水にさらす

水に放つ

切った野菜を、たっぷりの水につけること。野菜のアクが抜け、シャキッとみずみずしくなる。ただし、レタスの葉はちぎってそのまま水につける。

むき身

むいたあとの殻のない身のこと。あさりによく使う。

蒸し煮

煮るときにふたをして、蒸気の熱も利用しながら煮ること。熱の回りがよく、しっとりした仕上がりになる。

蒸す

水を沸騰させ、蒸気の熱によって調理すること。二段構造で上がる水蒸気を利用する蒸し器、鍋などに重ねて蒸すせいろがある。材料の持ち味を生かす加熱方法。

もどす

乾物を水につけて、生に近い状態にすること。食材によって水につけておく時間が異なるので、表示されている時間に従って行う。

きくらげを水でもどす

や

湯むき

熱湯にサッとくぐらせてから、冷水に取って、薄皮をむく方法のこと。トマトの皮をむく場合によく使われる。皮だけを、きれいにむくことができる。

トマトの皮を湯むきする

わ

わた

魚介類の内臓のこと。または、野菜の種を包むふわふわした部分。包丁やスプーンで取り除くのが一般的。

魚のわたを取る

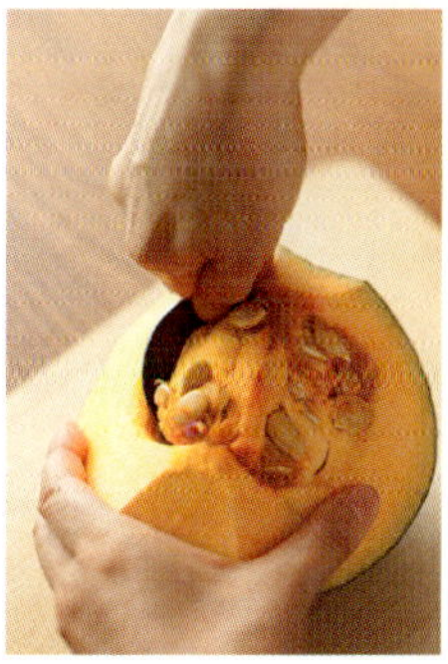

かぼちゃのわたを取る

夏梅美智子（なつうめ　みちこ）

料理研究家

基本をふまえた家庭料理が好評で、明るくさっぱりした人柄も人気。
初めてでも作りやすい、男性のためのシンプルな料理術を伝授。
「はじめからがんばり過ぎずに経験を重ね、
料理がもっと好きになって、自分の味やおいしさを見つけて」
とアドバイス。TV、雑誌などで活躍中。
近著に『ストックおかずの知恵』（集英社）など。

◆ 編集スタッフ

デザイン	Still
撮影	松島　均
スタイリング	坂上嘉代
編集・構成	白江あかね
	高坂順子
企画・編集	成美堂出版編集部 端 香里

作ってあげたい、作りたい！ **男子おかずの感動レシピ**

監修・料理　夏《なつ》梅《うめ》美《み》智《ち》子《こ》

発行者　風早健史

発行所　成美堂出版
〒162-8445　東京都新宿区新小川町1-7
電話(03)5206-8151　FAX(03)5206-8159

印　刷　凸版印刷株式会社

ISBN978-4-415-30878-4
落丁・乱丁などの不良本はお取り替えします
定価はカバーに表示してあります